中学英語で
ここまで伝わる！

英会話入門
場面フィット
80

Romy's English Café 主宰
有子山 博美
Ujiyama Hiromi

JN109573

アルク

はじめに

　「海外旅行に行くたびに"もっと英語を勉強しておけばよかった！"と後悔する」「困っている外国人観光客がいたら声をかけたいけど自信がない」
　……こんな声を本当によく聞きます。

　本書はそんな方たちのお役に少しでも立てれば、という思いで執筆しました。私自身も海外旅行が大好きで、特にイギリスは友人と一緒に北から南まであちこち旅しました。B&B（個人経営の宿泊施設）に泊まってホームステイのような気分を味わったり、ガイドブックには載っていないような辺鄙な場所を訪れたり、チケットを事前予約してミュージカルやスポーツを観たり……忘れられない思い出がたくさんあります。

　予約したはずのホテルが取れていないと言われたり、空港で預けたスーツケースが出てこなかったり、道に迷ったりというトラブルもありましたが、親切に対応してくださった方々のおかげで大ごとにならずに済みました。本書には、そんな私自身の経験も随所に盛り込まれています。

　また、私は約20年に渡って英語教材を制作していますが、海外に住んだことはありません。日本で試行錯誤しながらさまざまな勉強法を試し、効果のあった方法をSNSや書籍で発信しています。2020年からはネイティブ講師と一緒にオンラインスクールを開講し、生徒のみなさんとネイティブ講師がスムーズに会話を楽しめるようお手伝いしています。英語学習者のみなさんがどんなところにつまずきやすいか、英語力アップに効果的な方法は何かというノウハウも蓄積されてきたので、本書のコラム「英会話力アップの11 Steps」で紹介したいと思います。楽しみながら効率よく、「使える英語」を身につけましょう。

　I hope you find this book useful and enjoy learning from it!

有子山博美

CONTENTS

Chapter 4 ▶ ホテル

Chapter 5 ▶ レストラン

Chapter 6 ▶ 買い物・注文

国内編 **Chapter 7 ▶ 落とし物・道案内**

Chapter 8 ▶ 乗り物利用

Chapter 9 ▶ スーパー・観光地

Chapter 10 ▶ 友人との交流

Chapter 11 ▶ 緊急事態

国内編

本書の使い方

本書は海外編（Chapter 1〜6）と国内編（Chapter 7〜11）の二部構成です。

❶ まずは、場面にぴったりの英語表現を学びましょう！

英会話

太字はこのシーンで扱うキーフレーズを含んだ表現です。
下線の単語やフレーズは右ページ下の「単語・フレーズ解説」で詳しく説明しています。

Key Phrase 🔑

キーフレーズを応用して英語表現の幅を広げましょう。

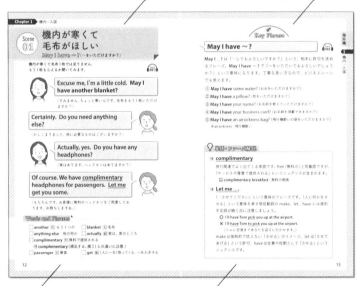

Words and Phrases

上の英会話で出てきた単語やフレーズの意味を確認します。

単語・フレーズ解説 💡

意味や使い方、注意すべきことを解説しています。

❷「確認問題」でさらに定着！

Chapter最後の「確認問題」で復習します。解答は222～223ページに掲載しています。

⓵ 聞き取りにチャレンジ！

音声の会話を聞き取り、空欄に入る単語を記入します。

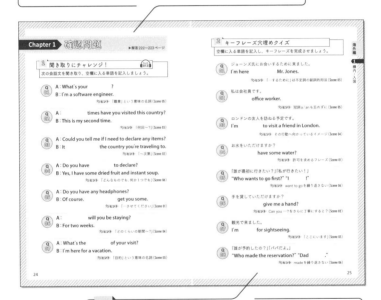

Chapter 1 確認問題　　　　▶解答 222～223ページ

⓵ 聞き取りにチャレンジ！ 🔊013
次の会話文を聞き取り、空欄に入る単語を記入しましょう。

Q 01
A : What's your 　　　　？
B : I'm a software engineer.
🔖ヒント 「職業」という意味の名詞 (Scene 05)

Q 02
A : 　　　　 times have you visited this country?
B : This is my second time.
🔖ヒント 「何回～?」(Scene 03)

Q 03
A : Could you tell me if I need to declare any items?
B : It 　　　　 the country you're traveling to.
🔖ヒント 「～次第」(Scene 02)

Q 04
A : Do you have 　　　　 to declare?
B : Yes, I have some dried fruit and instant soup.
🔖ヒント 「どんなものでも、何か1つでも」(Scene 06)

Q 05
A : Do you have any headphones?
B : Of course. 　　　　 get you some.
🔖ヒント 「～させてください」(Scene 01)

Q 06
A : 　　　　 will you be staying?
B : For two weeks.
🔖ヒント 「どのくらいの期間～?」(Scene 04)

Q 07
A : What's the 　　　　 of your visit?
B : I'm here for a vacation.
🔖ヒント 「目的」という意味の名詞 (Scene 05)

⓶ キーフレーズ穴埋めクイズ
空欄に入る単語を記入し、キーフレーズを完成させましょう。

Q 01
ジョーンズ氏にお会いするために来ました。
I'm here 　　　　 Mr. Jones.
🔖ヒント 「～するために」は不定詞の副詞的用法 (Scene 05)

Q 02
私は会社員です。
　　　　 office worker.
🔖ヒント 冠詞 a / an も忘れずに (Scene 05)

Q 03
ロンドンの友人を訪ねる予定です。
I'm 　　　　 to visit a friend in London.
🔖ヒント その行動へ向かっているイメージ (Scene 04)

Q 04
お水をいただけますか？
　　　　 have some water?
🔖ヒント 許可を求めるフレーズ (Scene 01)

Q 05
「誰が最初に行きたい？」「私が行きたい！」
"Who wants to go first?" "I 　　　　 !"
🔖ヒント want to go first を繰り返さない (Scene 06)

Q 06
手を貸していただけますか？
　　　　 give me a hand?
🔖ヒント Can you ～? をさらに丁寧にすると? (Scene 02)

Q 07
観光で来ました。
I'm 　　　　 for sightseeing.
🔖ヒント 「ここにいます」(Scene 05)

Q 08
「誰が予約したの？」「パパだよ。」
"Who made the reservation?" "Dad 　　　　 ."
🔖ヒント made を繰り返さない (Scene 06)

24　　　　25

⓶ キーフレーズ穴埋めクイズ

空欄に単語を入れて、キーフレーズを完成させます。

❸「Key Phrase一覧」でいつでも確認

214～221ページで80場面のキーフレーズをまとめています。何度も引いては、繰り返し使ってみましょう。

英語音声ダウンロードの方法（無料）

本書では、音声マークの箇所で、学習のための英語音声（アメリカ英語）をお聞きいただけます。

音声は、パソコンまたはスマートフォンで無料でダウンロードできます。

パソコンで

● 以下のURLで「アルク・ダウンロードセンター」にアクセスします。

URL：https://portal-dlc.alc.co.jp

● 書籍名『**英会話入門　場面フィット80**』
   または書籍コード「**7024022**」で検索します。

⬇

● 画面の指示に従って、音声ファイルをダウンロードしてください。

スマートフォンで

音声が再生できるアプリ「英語学習booco（ブーコ）」をご利用ください。

● QRコードから学習用アプリ「booco」をインストールします（無料）。

⬇

● ホーム画面下「さがす」から、書籍コード「**7024022**」で検索します。

⬇

● 音声ファイルをダウンロードしてください。

詳しくはこちら：https://booco.page.link/4zHd →

※本サービスの内容は、予告なく変更する場合がございます。あらかじめご了承ください。

機内・入国

Scene
01

機内が寒くて毛布がほしい

May I have 〜？（〜をいただけますか？）

機内が寒くて毛布1枚では足りません。
もう1枚もらえるか聞いてみます。

Track 001

> **Excuse me, I'm a little cold. May I have another blanket?**

（すみません、ちょっと寒いんです。毛布をもう1枚いただけますか？）

> **Certainly. Do you need anything else?**

（かしこまりました。他に必要なものはございますか？）

> **Actually, yes. Do you have any headphones?**

（実はあります。ヘッドホンはありますか？）

> **Of course. We have <u>complimentary</u> headphones for passengers. <u>Let me get you some.</u>**

（もちろんです。お客様に無料のヘッドホンをご用意しております。お持ちしますね。）

Words and Phrases

- [ ] **another** 形 もう1つの
- [ ] **blanket** 名 毛布
- [ ] **anything else** 他の何か
- [ ] **actually** 副 実は、実のところ
- [ ] **complimentary** 形 無料で提供される
  - 🔔 **complementary**（補足する、補う）との違いに注意！
- [ ] **passenger** 名 乗客
- [ ] **get** 動 （人に〜を）取ってくる、〜を入手する

May I have 〜?

May I ...? は「…してもよろしいですか？」という、相手に許可を求めるフレーズ。May I have 〜? で「〜をいただいてもよろしいでしょうか？」という意味になります。丁寧な言い方なので、ビジネスシーンでも使えます。

① **May I have** some water?（お水をいただけますか？）

② **May I have** a pillow?（枕をいただけますか？）

③ **May I have** your name?（お名前を教えていただけますか？）

④ **May I have** your business card?（お名刺を頂戴できますか？）

⑤ **May I have** an airsickness bag?（飛行機酔いの袋をいただけますか？）

　　※airsickness：飛行機酔い

単語・フレーズ解説

✦ **complimentary**

旅行関連でよく出てくる単語です。free（無料の）と同義語ですが、「サービスや厚意で提供される」というニュアンスが含まれます。

　　例 complimentary breakfast：無料の朝食

✦ **Let me ....**

「…させてください」という意味のフレーズです。「人に何かをさせる」という意味を表す使役動詞の make、let、have には原形不定詞が続く点に注意しましょう。

　　○ I'll have Tom <u>pick</u> you up at the airport.

　　✕ I'll <u>have</u> Tom <u>to pick</u> you up at the airport.

　　（トムに空港まであなたを迎えに行かせます。）

make は強制的で抗えない「させる」のイメージ、let は「させてあげる」という許可、have は仕事や役割として「させる」というニュアンスです。

Scene 02 入国カードがほしい

Could you give me ～?（～をいただけますか？）

目的地に着くまでに入国カードを書いておきたいので、
機内で用紙をもらいます。

Track 003

Could you give me an immigration form?

（入国カードをいただけますか？）

Certainly. Here you go.

（もちろんです。どうぞ。）

Thank you so much. <u>Could you</u> tell me if I need to declare any items?

（ありがとうございます。申告が必要なものがあるか教えて
いただけますか？）

It depends on the country you're traveling to. What's your destination?

（渡航先の国によります。行き先はどちらですか？）

Words and Phrases

☐ **immigration form** 名 入国カード ☐ **Here you go.** はい、どうぞ。
物を手渡すときに（＝**Here you are.**）

☐ **if** 接 もし～なら、～かどうか この会話では後者

☐ **declare** 動 ～を宣言する、（税関などで）～を申告する ☐ **item** 名 もの、項目

☐ **destination** 名 目的地、行き先

Key Phrase

Could you give me ～?

Track 004

Could you give me ～? は「～をいただけますか？」という意味です。
丁寧な表現なのでビジネスシーンでも使えます。

① **Could you give me** a hand?（手を貸していただけますか？）

② **Could you give me** a little discount?
（少し値引きしていただけますか？）

③ **Could you give me** a ride [lift]?（車に乗せていただけますか？）
 ※ride [米]/lift [英]：車に乗せること

④ **Could you give me** a refund?（返金していただけますか？）

⑤ **Could you give me** a few more minutes?
（もう少しお時間をいただけますか？）
 ※minute：分

 単語・フレーズ解説

✦ **Could you ...?**

May I ...?（…してもよろしいでしょうか？）はI（私）が主語の「許
可」を求めるフレーズですが、Could you ...? はyou（あなた）が
主語で、「…していただけますか？」とお願いするフレーズです。
Can you ...?（…できますか？）よりも、仮定法のニュアンスが
ある Could you ...?（ひょっとして…できるでしょうか？）のほ
うがよりフォーマルで丁寧な言い方になります。

✦ **It depends on ～.**

depend on ～には「～に頼る」という意味がありますが、「～に
よって決まる、～次第だ」という意味でもよく使われます。
（Scene 52 のキーフレーズ参照）
 例 **"Are you going to the beach today?"**
  "It depends on the weather."
  （「今日ビーチに行くの？」「天気次第だね。」）
 ※weather：天気

Scene 03

入国審査①
訪問の目的は？

I'm here for ～ / I'm here to .... （～の/…するために来ました。）

空港の入国審査にて、訪問の目的を聞かれました。

Track 005

What's <u>the purpose of</u> your visit?

（訪問の目的は何ですか？）

I'm here for a vacation.

（休暇で来ました。）

<u>How many times</u> have you visited this country?

（この国には何回来られましたか？）

This is my second time.

（2回目です。）

Words and Phrases

☐ **purpose** 名 目的
☐ **visit** 名 訪問 動 ～を訪れる
☐ **vacation** 名 休暇
☐ **How many times ～?** 何回～？
☐ **second time** 2回目

I'm here for ～ / I'm here to ….

I'm here for ＋名詞、I'm here to ＋動詞の原形（＝不定詞）で、それぞれ「～のために来ました」「…するために来ました」という意味になります。訪問の目的を伝えるのに便利なフレーズです。

① **I'm here for** business.（仕事で来ました。）

② **I'm here for** sightseeing.（観光で来ました。）

③ **I'm here for** a job interview.（面接で参りました。）

④ **I'm here to** see Mr. Jones.（ジョーンズ氏にお会いするために来ました。）

⑤ **I'm here to** pick up my order.（注文品を取りに来ました。）

※pick up：～を引き取る

単語・フレーズ解説

✦ the purpose of ～

purpose は「目的」なので、the purpose of your visit で「あなたの訪問の目的」になります。

例 What's **the purpose of** this event?

（このイベントの目的は何ですか？）

例 **The purpose of** this meeting is to discuss our next project.

（この会議の目的は、次のプロジェクトについて話し合うことです。）

※discuss：～について話し合う

✦ How many times ～ ?

How many times ～ ? は回数を尋ねる疑問文です。「今までに～した」という〈経験〉を表す現在完了の文と一緒に使われることも多いです。現在完了の文は、〈have ＋過去分詞〉で表します。

例 **How many times** have you visited Japan?

（日本には何回訪れましたか？）

例 **How many times** have you seen this movie?

（この映画は何回観ましたか？）

Scene
04

入国審査②
滞在予定地と期間は？

I'm going to ...。（…するつもりです。）

空港の入国審査にて、滞在予定地と期間を聞かれました。

Where are you going to stay?

（宿泊先はどちらですか？）

I'm going to stay at the ABC Hotel in New York.

（ニューヨークのABCホテルに泊まります。）

How long will you be staying?

（どのくらい滞在するのですか？）

For two weeks.

（2週間です。）

Words and Phrases

☐ **stay** 動 滞在する
☐ **be going to ...** …することになっている、…するつもりだ
☐ **How long ~?** どのくらいの期間~？
☐ **for ＋期間を表す名詞** ~間、~の間

I'm going to .... .

Track 008

be going to ＋動詞の原形で、「…するつもりだ、…することになっている」という意味です。go には「前方に進む」という意味があるので、その行動へ向かっているイメージで覚えましょう。

① **I'm going to** start a new job next month.
（来月から新しい仕事を始めるんです。）

② **I'm going to** attend tomorrow's conference.（明日の会議に出席します。）
※ conference：フォーマルな会議

③ **I'm going to** eat out tonight.（今夜は外食するつもりです。）

④ **I'm going to** watch movies at home this weekend.
（今週末は家で映画を観るつもりです。）

⑤ **I'm going to** move to Canada next month.
（来月カナダに引っ越します。）

単語・フレーズ解説

✦ Where are you going to stay?

be going to ... は既に決まっている予定を述べるときのフレーズです。Where（どこ）／ What（何）／ When（いつ）などの疑問詞と組み合わせて、相手の予定を尋ねることもできます。

例 **What are you going to do today?**（今日は何をするの？）

✦ will be ... ing

will は「…するぞ」という意志や、「…するだろう」という予測を表します。be ... ing は「…している」という進行形なので、will be ... ing は「（未来のある時点で）…しているだろう」または「（このままいくと）…することになる」という意味になります。

例 **Where will you be going after this?**
（この後はどちらへ行かれるのですか？）

例 **I'll be leaving for Japan tomorrow.**（明日、日本へ発ちます。）

Scene 05

入国審査③
職業は？

I'm a/an ～。（私は～です。）

空港の入国審査で、職業と帰りの航空券の有無について聞かれました。 Track 009

What's your occupation?

（職業は何ですか？）

I'm a software engineer.

（私はソフトウェア・エンジニアです。）

Do you have a <u>return ticket</u>?

（帰りのチケットはお持ちですか？）

Yes, I do. Here it is.

（あります。こちらです。）

Words and Phrases

- [ ] **occupation** 名 職業
- [ ] **software engineer** 名 ソフトウェア・エンジニア
- [ ] **return ticket** 名 帰りの切符
- [ ] **Here it is.** はい、どうぞ。ここに持っています。

I'm a / an 〜.

「私は〜です」という、職業を表す最もシンプルな言い方。be動詞は「イコール（＝）」のイメージです。

① **I'm a** student.（学生です。）

② **I'm an** office worker.（会社員です。）

※職業名が母音（a, e, i, o, u）の発音で始まる場合は、a を an にしましょう

③ **I'm a** homemaker.（主婦です。）

④ **I'm a** business owner.（事業主です。）

⑤ **I'm the** president of a company.（会社の社長です。）

※「社長」のように、その組織で通常1人に限定される場合は the を付けます
I run a company.（会社を経営しています。）と言うこともあります

単語・フレーズ解説

✦ What's your occupation?

「職業は何ですか？」という意味で、入国審査や税関などで使われるやや堅苦しい言い方。日常で「お仕事は何をされているんですか？」と聞く場合は、What do you do?（直訳：普段何をしていますか？）と言うのが一般的です。What do you do for a living? と聞くこともあります。

※for a living：生活のために

✦ return ticket

アメリカ英語でreturn ticket は「帰りの切符」ですが、イギリス英語では「往復切符」の意味になるので注意しましょう。アメリカ英語とイギリス英語で単語の違う例を紹介します。

片道切符：［米］**one-way ticket** ［英］**single ticket**
往復切符：［米］**round-trip ticket** ［英］**return ticket**
地下鉄：［米］**subway** ［英］**underground, tube**
地下道：［米］**underground** ［英］**subway**
1階：［米］**first floor** ［英］**ground floor**
2階：［米］**second floor** ［英］**first floor** ※ややこしいので注意！

Scene 06　税関での申告

I did.（私がしました。）

税関にて、申告の必要な食べ物を申し出ます。

Track 011

Do you have anything to declare?

（何か申告するものはありますか？）

Yes, I have some dried fruit and instant soup.

（はい、ドライフルーツとインスタントスープがあります。）

Who packed your baggage?

（誰が荷造りしましたか？）

I did.

（私です。）

Words and Phrases

☐ **anything** 代 どんなものでも、何か1つでも
☐ **declare** 動 ～を宣言する、（税関などで）～を申告する
☐ **dried fruit** 名 ドライフルーツ　☐ **instant soup** 名 インスタント（即席）スープ
☐ **pack** 動 （カバンに）物を詰める
☐ **baggage** 名 （旅行などでの）手荷物　🔖 イギリス英語では **luggage** が一般的

I did.

「誰が…する / したの？」という疑問文（**Who ＋動詞?**）に対する回答は「誰＋動詞」ですが、動詞はそのまま繰り返さずに、**do / does / did** で代用するのが一般的です。三単現のときは **does**、過去形のときは **did** になります。

① Who wants to go first? （誰が最初に行きたい？）
—**I do!** （私が行きたい！）

② Who has the guidebook? （ガイドブックは誰が持ってるの？）
—**Harry does.** （ハリーだよ。）

③ Who knows this place best? （この場所に一番詳しいのは誰？）
—**I do.** （私だよ。）

④ Who made the reservation? （誰が予約したの？）
—**Dad did.** （パパだよ。）

単語・フレーズ解説

✦ Do you have anything 〜?

anything は「どんなものでも、何か１つでも」、something は「（不特定だけれど明確な）何か」という意味。前者は「あるかどうかわからない」、後者は「存在することを想定している」ニュアンスです。相手が持っているかどうかわからないときは、something よりも anything で尋ねるのが適しています。

✦ Who ＋動詞〜?

「誰が…する / したの？」という疑問文は、「誰が」が主語になるため、Who の後に動詞が続きます。

> 例 **Who stars in the movie?**
> （その映画の主演は誰？） ※ star：主役を演じる

> 例 **Who has paid?** / **Who hasn't paid?**
> （誰が払った？ / 払っていないのは誰？）

1 聞き取りにチャレンジ！

Track 013

次の会話文を聞き取り、空欄に入る単語を記入しましょう。

Q 01

A : What's your _____ ?

B : I'm a software engineer.

◇ヒント 「職業」という意味の名詞（Scene 05）

Q 02

A : _____ times have you visited this country?

B : This is my second time.

◇ヒント 「何回〜?」（Scene 03）

Q 03

A : Could you tell me if I need to declare any items?

B : It _____ the country you're traveling to.

◇ヒント 「〜次第」（Scene 02）

Q 04

A : Do you have _____ to declare?

B : Yes, I have some dried fruit and instant soup.

◇ヒント 「どんなものでも、何か1つでも」（Scene 06）

Q 05

A : Do you have any headphones?

B : Of course. _____ get you some.

◇ヒント 「…させてください」（Scene 01）

Q 06

A : _____ will you be staying?

B : For two weeks.

◇ヒント 「どのくらいの期間〜?」（Scene 04）

Q 07

A : What's the _____ of your visit?

B : I'm here for a vacation.

◇ヒント 「目的」という意味の名詞（Scene 03）

---

2 キーフレーズ穴埋めクイズ

空欄に入る単語を記入し、キーフレーズを完成させましょう。

Q01

ジョーンズ氏にお会いするために来ました。

I'm here 　　　　　　　 Mr. Jones.

❖ヒント 「…するために」は不定詞の副詞的用法（Scene 03）

Q02

私は会社員です。

　　　　　　　 office worker.

❖ヒント 冠詞 a / an も忘れずに（Scene 05）

Q03

ロンドンの友人を訪ねる予定です。

I'm 　　　　　　　 to visit a friend in London.

❖ヒント その行動へ向かっているイメージ（Scene 04）

Q04

お水をいただけますか？

　　　　　　　 have some water?

❖ヒント 許可を求めるフレーズ（Scene 01）

Q05

「誰が最初に行きたい？」「私が行きたい！」

"Who wants to go first?" "I 　　　　 !"

❖ヒント want to go を繰り返さない（Scene 06）

Q06

手を貸していただけますか？

　　　　　　　 give me a hand?

❖ヒント Can you …? をさらに丁寧にすると？（Scene 02）

Q07

観光で来ました。

I'm 　　　　　　 for sightseeing.

❖ヒント 「ここにいます」（Scene 03）

Q08

「誰が予約したの？」「パパだよ。」

"Who made the reservation?" "Dad 　　　　 ."

❖ヒント made を繰り返さない（Scene 06）

Step 1

使う場面をイメージしながら
音読・暗唱する

　英会話が上達しやすい人の特徴は何だと思いますか？

　ひと口に英語と言ってもいろいろな技能がありますが、「スピーキング」となると、「話し好きな人」や「モノマネが上手い人」は上達が速いと言われます。

　私自身が出会った人の中でも、海外に住んだことがないのに英語が流暢な人に理由を聞くと、偉人のスピーチの朗唱や英語劇の経験があるという声が複数聞かれました。フレーズを理解して覚えたうえで「感情を込めて言う」のは大変効果的なトレーニングなのです。

　私は人前でスピーチや英語劇をした経験はありませんが、会話力が伸びたきっかけは、やはり好きなドラマや映画を観てセリフをそっくりに言えるように真似したことや、英文を日頃から**「声に出して読む」**習慣をつけたことでした。普段から英文を口にしていないと、いざというときにパッと出てこないのは当然ですよね。

　英文はできればネイティブのお手本音声を聞きながら、必ず「声に出して」練習しましょう。慣れてきたら英文から目を離して、音声だけを聞いて真似してください。英文を音読するメリットは主に3つあります。

1. 発音が改善される
2. リスニング力が上がる
3. 目や耳だけでなく口も動かすことで、単語やフレーズがより定着しやすい

　まずは本書の会話文を、ネイティブの音声を聞いて**実際に使う場面をイメージしながら音読・暗唱**してみてください。May I have ～? や Could you tell me how to ...? のような定番フレーズは、テキストを見なくてもスラスラ言えるまで口を慣らしておくと、いざというときに自信を持って話せるようになりますよ。

Chapter 2

空港

Scene 07 チェックインカウンターはどこ？

疑問詞＋主語＋動詞

自分が乗る航空会社のチェックインカウンターが見つかりません。
空港スタッフに場所を尋ねます。

Track 014

Could you tell me where the check-in counter for ABC Airlines is?

（ABC航空のチェックインカウンターの場所を教えていただけますか？）

Sure. It's in Terminal 2, which is down this corridor.

（もちろんです。この通路を進んだターミナル2にあります。）

Thank you. Is there free Wi-Fi in the airport?

（ありがとうございます。空港内に無料Wi-Fiはありますか？）

Yes. You should see the network name "Airport Free Wi-Fi" on your device.

（はい。端末で「Airport Free Wi-Fi」というネットワーク名が
表示されるはずです。）

Words and Phrases

☐ **Could you tell me 〜?** 〜を教えていただけますか？
☐ **check-in counter** 名（空港の）チェックインカウンター
☐ **down** 前 ずっと先へ　　☐ **corridor** 名 廊下、通路
☐ **Wi-Fi** 名 ワイファイ、無線LAN　　☐ **device** 名 機器、装置

疑問詞＋主語＋動詞

普通の疑問文は **Where is the check-in counter for ABC Airlines?** という語順ですが、ここでは**主語**（**the check-in counter for ABC Airlines**）**＋動詞**（**is**）の順になっています。〈疑問詞＋主語＋動詞〉の語順で「〜なのか」という〈名詞節〉になります。**where the check-in counter for ABC Airlines is** は「ABC航空のチェックインカウンターがどこにあるのか」つまり「ABC航空のチェックインカウンターの場所」を表します。

① Could you tell me **what this is**?（これは何なのか教えていただけますか？）

② Could you tell me **where the station is**?
（駅の場所を教えていただけますか？）

③ Could you tell me **when the concert starts**?
（コンサートが始まる時間を教えていただけますか？）

④ Could you tell me **who the speaker will be**?
（講演者は誰になるのか教えていただけますか？）

単語・フレーズ解説

✦ , which

, (カンマ) ＋ which は〈関係代名詞の非制限用法〉といい、カンマ直前の文全体または一部に説明を補足します。

> 例 **I bought a new smartphone, which was very expensive.**
> （新しいスマホを買ったのですが、とても高かったです。）
> 例 **Amy said she was ill, which was a lie.**
> （エイミーは病気だと言っていましたが、それはウソでした。）

✦ should

should は「…したほうがいい、…すべきだ」だけでなく、「…するはずだ」という〈推量〉の意味もあります。どちらの意味になるかは文脈で判断しましょう。

> 例 **He should be back soon.**
> （彼はすぐに戻ってくるはずです。）

Scene
08

乗り継ぎ便に
遅れてしまったら

I missed 〜。(〜を逃しました。)

乗り継ぎ便に遅れてしまいました。
チェックインカウンターで指示を仰ぎます。

Track 016

I missed my connecting flight. What should I do?

（乗り継ぎ便に乗り遅れました。どうすればいいですか？）

We'll assist you with rebooking your flight. Could you tell me your airline and flight details?

（予約変更のお手伝いをいたします。航空会社とフライトの詳細を教えていただけますか？）

Yes, my airline is XYZ Airlines and the flight number is XYZ123.

（はい、航空会社はXYZエアライン、便名はXYZ123です。）

Words and Phrases

☐ **connecting flight** 名 乗り継ぎ便
☐ **rebook** 動 〜を再予約する　覗 re-（再び）＋ book（予約する）
☐ **airline** 名 航空会社
☐ **detail** 名 詳細
☐ **flight number** 名 便名

I missed ～.

miss は「～を逃す・見逃す」や「～がいなくて寂しい」という意味でよく使われます。

① **I missed** the last train home.（終電を逃しました。）

② **I missed** the crucial moment.（決定的瞬間を見逃しました。）
　※crucial：決定的な

③ **I missed** the deadline for the proposal.
　（企画書の締め切りに間に合いませんでした。）
　※deadline：締め切り　proposal：企画書、提案書

④ **I missed** my flight due to the heavy traffic.
　（交通渋滞で飛行機に乗り遅れました。）
　※due to ～：～のせいで

⑤ **I missed** the chance to see the movie.
　（その映画を観る機会を逃しました。）

⑥ **I miss** you. ／ **I'll miss** you.
　（会えなくて寂しいよ。／これから寂しくなるよ。）
　※この場合は「～がいなくて寂しい」という意味

単語・フレーズ解説

✦ **What should I do?**

should を「…すべきだ」と訳す人も多いですが、義務や命令のような強いニュアンスではなく、「…したほうがいい」という〈提案〉のニュアンスで使われることも多くあります。What should I do? で「どうすればいいですか？／どうしよう？」という意味になります。

✦ **assist you with ... ing**

assist [人] with ... ing で「[人] の…を手助けする」という意味です。日本語でも「アシストする」と言うことがあるので覚えやすいですね。help [人] with ... ing よりもフォーマルな言い方です。

Scene 09

フライトキャンセル①
振替依頼

have [has] been ＋過去分詞（…されたところです。）

フライトがキャンセルされたという通知が来ました。
航空会社のスタッフに振り替えをお願いします。

Track 018

> **Excuse me, I just received a notification that my flight has been canceled.**

（すみません、フライトがキャンセルになったという通知を
受け取りました。）

> **I apologize for the inconvenience. Could you give me your name and flight number?**

（ご迷惑をおかけして申し訳ございません。お名前と便名を
教えていただけますか？）

> **My name is Hanako Suzuki, and the flight number is XYZ456.**

（私の名前は鈴木花子で、便名はXYZ456です。）

Words and Phrases

- [ ] **receive** 動 ～を受け取る
- [ ] **notification** 名 通知
- [ ] **cancel** 動 ～をキャンセルする
- [ ] **apologize for ～** ～に対して謝罪する
- [ ] **inconvenience** 名 不便さ、迷惑
  - 💡 in-は否定の接頭辞、**convenience** は「便利さ」

have [has] been ＋過去分詞

「…したところだ〈完了〉」を表す現在完了は〈**have** ＋**過去分詞**〉、「…された」という受け身の文は〈**be** ＋**過去分詞**〉。この２つを合わせて、「…されたところだ」を表すのが〈**have** + **been** ＋**過去分詞**〉です（現在完了＋受け身）。

① The concert **has been postponed**.
（コンサートは延期になりました。）
※postpone：〜を延期する

② The meeting **has been postponed** until next Friday.
（会議は来週の金曜日に延期されました。）
※until〜：〜まで

③ Tom Cruise's new movie **has been released**.
（トム・クルーズの新作映画が公開されました。）

④ My proposal **has been accepted**.
（私の提案は受け入れられました。）

⑤ Over 20 movies based on this manga **have been produced** so far.
（この漫画を原作とした映画はこれまでに20本以上製作されています。）
※so far：これまでに。この文は〈経験〉の意味合いも持ち合わせています

単語・フレーズ解説

✦ **I just received a notification that 〜.**

ここでの that は接続詞です。「〜という○○（直前の名詞）」という意味で、直前の名詞の内容を説明します（同格の that）。

例 I heard a rumor that Joe quit the company.
（ジョーが会社を辞めたという噂を聞いたよ。）
※rumor：噂

✦ **I apologize for 〜.**

I apologize for 〜. で「〜に対してお詫びします。」という意味です。I apologize for the inconvenience. はクレーム対応時の定番フレーズです。

Scene 10

フライトキャンセル②
別便に変更

Could you put me on ～?（～に置いて/乗せていただけますか？）

フライトがキャンセルされたので、別の便を手配してもらいます。

Track 020

Could you wait here <u>while I check</u> the available options?

（手配可能なオプションを確認しますので、ここでお待ちいただけますか？）

Sure. Could you put me on another flight as soon as possible?

（はい。できるだけ早く別の便に乗せていただけますか？）

Absolutely. We'll <u>prioritize</u> rebooking you on the next available flight.

（もちろんです。空席のある次の便に優先的に予約変更させていただきます。）

Words and Phrases

☐ **available** 形 利用可能な、手に入る　　☐ **option** 名 選択肢
☐ **Sure.** いいですよ。かしこまりました。もちろん。
☐ **another** 形 もう１つの、別の
☐ **as soon as possible** できるだけ早く　　略語は **ASAP**
☐ **Absolutely.** もちろん。間違いありません。
☐ **rebook** 動 ～を再予約する　　re-（再び）＋ book（予約する）

Key Phrase

Could you put me on 〜 ?

put は「置く」という動詞で、**put**［人］**on** 〜で「［人］を〜に置く、［人］を〜に乗せる」という意味になります。

① **Could you put me on** the waiting list?
（キャンセル待ちをさせていただけますか？）
※直訳：順番待ちリスト（waiting list）に載せていただけますか？

② **Could you put me on** your schedule?
（スケジュールに入れていただけますか？）

③ **Could you put me on** the next available flight?
（次の空席のある便に乗せていただけますか？）

④ **Could you put me on** a direct flight?
（直行便に乗せていただけますか？）

単語・フレーズ解説

✦ while 主語＋動詞

while は「〜の間（ずっと）」という意味の接続詞で、後ろには主語＋動詞が続きます。主語が同一の場合は省略されることもあります。

例 **Please fasten your seat belt** <u>while the seat belt sign is</u> **on.**
（シートベルトのサインが点灯している間は、シートベルトをご着用ください。）

例 **I took a nap** <u>while</u> **(**<u>I was</u>**) on the plane.**
（飛行機に乗っている間に仮眠を取りました。）

✦ prioritize

prioritize は「〜を優先する」または「〜に優先順位をつける」という意味です。

例 **I have to** <u>prioritize</u> **my tasks when I'm too busy.**
（忙しすぎるときは自分の仕事に優先順位をつけなければなりません。）

Scene 11 スーツケースが出てこない

Here's [Here are] ～。（～はここにあります。）

預けたスーツケースが出てきません。
ロストバゲージ（荷物紛失）してしまったようです。

Track 022

Excuse me, I can't find my baggage.

（すみません、私の荷物が見つかりません。）

I'm sorry to hear that. Let me help you locate it.

（それはお困りですね。お探しします。）

Thank you. Here's my claim ticket.

（ありがとうございます。こちらが引換証です。）

Thank you. I'll check the system and see where your baggage might be.

（ありがとうございます。システムをチェックして、お荷物がどこにあるか確認します。）

Words and Phrases

- □ **baggage** 名（旅行などでの）手荷物
  - イギリス英語では**luggage**が一般的
- □ **I'm sorry to hear that.** それはお気の毒に。
- □ **locate** 動 ～の場所を見つける
- □ **claim ticket** 名（荷物などの）引換証
- □ **might** 助 ～かもしれない

Here's [Here are]〜.

Here's [Here are]〜. は 〜 is here [are].（〜はここにあります）とい
う文の倒置で、「こちらが〜です」というニュアンスでよく使われます。
〜に入る名詞が複数形のときは、be動詞を are にしましょう。

① **Here's** your change.
（こちらがおつりです。）

② **Here's** my ID card.
（こちらがIDカードです。）

③ **Here's** the key to your room.
（こちらがお部屋の鍵です。）

④ **Here are** the books you requested.
（こちらがリクエストいただいた本です。）

⑤ **Here are** some cookies.
（クッキーをどうぞ。）

単語・フレーズ解説

✦ **help you locate it**

help [人] の後ろに to不定詞を取ることもありますが、原形不定
詞（to なし、つまり動詞の原形）のほうがよく使われます。

例 **Could you help me organize the data?**
（データを整理するのを手伝っていただけますか？）

例 **Do you want me to help you pack your suitcase?**
（スーツケースの荷造りを手伝ってほしい？）

✦ **where your baggage might be**

where の後ろが〈主語＋動詞〉の語順なので、where 以下は「ど
こに〜なのか」という名詞節です。might be は「〜かもしれな
い」という意味で、where your baggage might be は「あなた
の荷物があるかもしれない場所」となります。

Scene
12

スーツケースが壊れていたら

As you ...., (あなたが…するとおり)

預けていたスーツケースの取っ手が壊れていました。
空港スタッフに申し出ます。

Track
024

It seems that my suitcase has been damaged during the flight.

（フライト中にスーツケースが破損してしまったようです。）

I apologize for that, ma'am. Could you please show me your suitcase and give me the details?

（申し訳ありません。スーツケースを見せて詳しく教えていただけますか？）

Certainly, here's my suitcase. As you can see, the handle is broken.

（はい、こちらが私のスーツケースです。ご覧のとおり、取っ手が壊れています。）

Words and Phrases

☐ **It seems (that)~** ～のようだ

☐ **damage** 動 ～にダメージを与える、～を傷つける

☐ **apologize for ~** ～に対して謝罪する

☐ **ma'am** 女性への呼びかけ表現 　☐ **detail** 名 詳細

☐ **handle** 名 取っ手、ハンドル 　☐ **broken** 形 壊れた、損傷した

As you ... ,

as は「…するように、…するとおりに」という接続詞です。**as you can see** で「あなたにも見えるように」、つまり「ご覧のとおり」という意味になります。**as you** ... の他の形も覚えておきましょう。

① **As you said**, Jamie's a great cook.
(あなたが言ったとおり、ジェイミーは料理上手ですね。)

② **As you know**, I'm a shy person.
(ご存じのとおり、私はシャイな人間です。)

③ **As you may already know**, our company has launched a new product. (既にご存じかもしれませんが、弊社は新製品を発売しました。)
※launch：〜を発売する

④ **As you mentioned earlier**, the event is taking place next weekend.
(先ほどお話しいただいたように、イベントは来週末に開催されます。)
※mention：〜について述べる

💡 単語・フレーズ解説

✦ has been damaged during 〜

my suitcase <u>has been damaged</u> は現在完了と受け身の文が合わさった形です（Scene 09 のキーフレーズ参照）。during（〜の間に）は前置詞なので、名詞が続きます。

例 I want to visit my uncle <u>during my trip</u> to the U.S.
(アメリカ旅行中に叔父を訪ねたいです。)

一方、while（〜の間に）は接続詞なので、文が続きます。

例 I want to visit my uncle <u>while (I'm)</u> in the U.S.
(アメリカにいる間に叔父を訪ねたいです。)

✦ Could you please … ?

Could you … ? だけでも丁寧な言い方ですが、Could you please …? や Could you …, please? のように、please を付ける場合もあります。

1 聞き取りにチャレンジ！

次の会話文を聞き取り、空欄に入る単語を記入しましょう。

Q01
A : Excuse me, I can't find my baggage.
B : I'm ＿＿＿＿＿＿＿ hear that.
✎ヒント 「…して残念です」(Scene 11)

Q02
A : I ＿＿＿＿＿ my connecting flight. What should I do?
B : We'll assist you with rebooking your flight.
✎ヒント 「逃す」の過去形 (Scene 08)

Q03
A : Could you wait here ＿＿＿＿＿ I check the available options?
B : Sure.　✎ヒント 「〜する間に」という意味の接続詞 (Scene 10)

Q04
A : Excuse me, my flight has ＿＿＿＿＿ canceled.
B : I apologize for the inconvenience.
✎ヒント be 動詞の過去分詞 (Scene 09)

Q05
A : Could you tell me ＿＿＿＿＿ the check-in counter for ABC Airlines is?
B : Sure. It's in Terminal 2.
✎ヒント 「どこ」を表す疑問詞 (Scene 07)

Q06
A : My suitcase has been damaged ＿＿＿＿＿ the flight.
B : I apologize. Could you show me your suitcase?
✎ヒント 「〜の間に」という意味の前置詞 (Scene 12)

Q07
A : Could you ＿＿＿＿＿ me your name and flight number?
B : My name is Hanako Suzuki, and the flight number is XYZ456.　✎ヒント 「いただけますか？」(Scene 09)

2 キーフレーズ穴埋めクイズ

空欄に入る単語を記入し、キーフレーズを完成させましょう。

Q 01
あなたが言ったとおり、ジェイミーは料理上手ですね。

As you _____, Jamie's a great cook.

◇ヒント say の過去形は？（Scene 12）

Q 02
講演者は誰になるのか教えていただけますか？

Could you tell me _____ the speaker will be?

◇ヒント 「誰」を表す疑問詞（Scene 07）

Q 03
コンサートは延期になりました。

The concert _____ postponed.

◇ヒント 現在完了＋受け身（Scene 09）

Q 04
ご存じのとおり、私はシャイな人間です。

_____ you know, I'm a shy person.

◇ヒント 2文字の接続詞（Scene 12）

Q 05
キャンセル待ちをさせていただけますか？

Could you _____ me on the waiting list?

◇ヒント 「順番待ちリストに載せる」（Scene 10）

Q 06
これは何なのか教えていただけますか？

Could you tell me what _____?

◇ヒント 疑問詞の後の語順に注意（Scene 07）

Q 07
クッキーをどうぞ。

Here _____ some cookies.

◇ヒント 複数形のときのbe動詞は？（Scene 11）

Q 08
終電を逃しました。

I _____ the last train home.

◇ヒント 「逃す」という意味の動詞（Scene 08）

41

Step 2

英語独特のリズムや音の
つながりを意識して真似る

　Step 1では「英文を声に出して読む」ことをお勧めしましたが、Step 2ではより「英語らしい読み方」を追求しましょう。英語らしく発音するために最も大切なのは**「リズム」**と**「音のつながり」**です。例えば次の文を1語1語区切って読んだ場合と、つなげてリズミカルに読んだ場合を比べてみてください。

例 Shall I take a message?
　　〈1語1語〉シャォ・アイ・テイク・ア・メッセジ？
　　〈つなげる〉シャライテイカメッセジ？

　カタカナでは表しきれませんが、「つなげたほうが英語らしく聞こえる」というのは伝わると思います。本書の会話文を音読する際も、ぜひ「リズム」と「音のつながり」を意識して真似してみてください。お勧めの手順は以下になります。

1回目：英文を鉛筆やペンで追いながらネイティブ音声を聞き、**音がつながっている部分に**◡を付ける
2回目：再びネイティブ音声を聞き、印を付けたところを特に注意しながら真似る

例 **Would you like to try it on?**
　　Would you ➡ ウッジュー　　like to ➡ ライクトゥ
　　try it on ➡ トゥライイッローン　のように聞こえますね。

　もちろんカタカナで表す必要はありません。音と音がつながって変化し、1単語のように聞こえる部分を意識し、聞こえたまま真似しましょう。グッとネイティブっぽくなり、格段に伝わりやすくなります。

Chapter 3

タクシー・宿泊手続き

Scene 13

タクシー①
料金の確認

About how ～?（だいたいどれくらい～?）

空港から市内までタクシーで向かいます。
事前におおよその運賃を聞いておきます。

Excuse me, I need to get to the city center. Could you take me there?

（すみません、市内まで行きたいのですが。連れて行ってもらえますか？）

Sure! The city center is a popular destination.

（もちろん！市内は人気の目的地ですからね。）

About how much will it cost?

（料金はいくらくらいになりますか？）

It usually costs from $20 to $25.

（たいてい20ドルから25ドルかかります。）

Words and Phrases

- [ ] **need to ...** …する必要がある
- [ ] **city center** 名 市内、街の中心
- [ ] **take [人] there** [人] をそこへ連れて行く
- [ ] **popular destination** 人気のある目的地
- [ ] **about** 副 おおよそ、だいたい
- [ ] **usually** 副 たいてい、通常
- [ ] **from A to B** AからBまで

About how 〜?

about は「おおよそ、だいたい」で、**About how much 〜?** は「いくらくらい〜？」という意味になります。数えられる名詞の場合は **About how many 〜?**（いくつくらい〜？）、時間を尋ねるときは **About how long 〜?**（どれくらいの時間〜？）になります。

① **About how many penguins** are there?
（全部で何羽くらいのペンギンがいますか？）

② **About how long** will it take?
（だいたいどれくらいの時間がかかりそうですか？）

③ **About how many calories** are in the cake?
（そのケーキはどれくらいのカロリーですか？）

④ **About how long** will the concert be?
（コンサートの時間はどのくらいになりますか？）

⑤ **About how far** is the nearest station from here?
（ここから一番近い駅までの距離はどのくらいですか？）

単語・フレーズ解説

✦ get to 〜 , take [人] to 〜

get to 〜は「〜に着く、〜に達する」という意味です。この文では go to 〜も同じように使えますが、go to 〜は「移動すること」に、get to 〜は「到着すること」に重点が置かれます。
take [人] to [場所] は「[人] を [場所] に連れて行く」ですが、副詞の there（そこへ）には to の意味が含まれているため to は不要です。

✦ cost

cost には名詞「コスト、費用」と動詞「費用がかかる」があります。

例 The alterations will <u>cost</u> about $20.
（お直しには 20 ドルほどかかるでしょう。）　※動詞の cost

Scene 14

タクシー②
移動と降車

sound(s)＋形容詞／sound(s)like＋名詞（〜のように聞こえる）

タクシーのおおよその運賃を聞いたところ、妥当な金額だったので
乗車します。

Track 029

$20 to $25 sounds reasonable. Let's go.

（20〜25ドルは手ごろですね。では行きましょう。）

Great. I'll make sure to take the best possible route.

（いいですね。最良のルートを選ぶようにします。）

Thank you.

（ありがとうございます。）

…… On arriving at the destination（目的地に着いて）……

Let me off here, please. Keep the change.

（ここで降ろしてください。おつりは結構です。）

Words and Phrases

- [ ] **sound** 動 〜に聞こえる、〜に思われる
- [ ] **reasonable** 形 手ごろな、妥当な
- [ ] **make sure to ...** 必ず…する、確実に…する
- [ ] **possible** 形 可能な、考えられる　　[ ] **route** 名 道、ルート
- [ ] **change** 名 おつり、小銭

海外編

sound(s)＋形容詞 / sound(s) like＋名詞

Your idea is interesting. と be 動詞を使えば「あなたのアイデアは面白い」と断言することになりますが、**Your idea sounds interesting.** と言えば「あなたのアイデアは面白そう（に聞こえる）」という意味になります。形容詞が続くときは sound(s)、名詞が続くときは sound(s) like と言います。

3 タクシー・宿泊手続き

① That **sounds nice**. (それはいいね。)

　　※that は相手が言った内容を指します

② That **sounds like a lot of fun**! (それはすごく楽しそう！)

③ **Does** the plan **sound good** to you?
　　(そのプランは良さそうだと思う？)

④ Jim's proposal **sounds promising**. (ジムの提案は期待できそうです。)

　　※promising：将来有望な

⑤ Anne's excuse **doesn't sound convincing**.
　　(アンの言い訳は説得力がないです。)

　　※convincing：説得力のある

単語・フレーズ解説

✦ let me off

ここでの off は副詞で、Let me off. は「降ろしてください。」という意味です。Let me through. と言えば「通してください。」になります。

✦ Keep the change.

国によってはタクシーでもチップが必要です（目安は料金の10〜15%）。Keep the change. (おつりは取っておいてください。)はおつりの分をチップにするときのフレーズです。金額の大きい紙幣しかない場合は、"Just give me $5 back, please. (5ドル返してください。)" と言って、チップ分を差し引いたおつり（この場合は5ドル）をもらいましょう。

47

Scene 15 タクシーでぼったくり？

I believe [think] there's [there are] ～。(～があると思います。)

乗る前に聞いた金額よりも高い料金を請求されました。
丁寧に指摘します。

Track 031

Excuse me, but I believe there's a mistake in the fare.

（すみませんが、運賃に間違いがあると思います。）

Oh, is there?

（あれ、そうですか？）

It seems higher than what we discussed earlier.

（さっき話した金額より高いようです。）

Let me double-check and make sure everything's accurate.

（ダブルチェックして、全てが正しいかを確認しますね。）

Words and Phrases

☐ **fare** 名 運賃
☐ **higher than ～** ～よりも高い
☐ **earlier** 副 前に、さっき
☐ **make sure ～** ～だと確認する
☐ **It seems（that）～** ～のようだ
☐ **discuss** 動 ～を話し合う
☐ **double-check** 動 ～を再点検する
☐ **accurate** 形 正確な

I believe [think] there's [there are]～.

I think ～は意見や考えを述べるときの一般的な言い方で、I believe ～ (～だと信じる、～だと思う) はより強い信念や確信があるときの言い方です。there's [there are]～は「～がある」という意味です。

① **I believe there's** hope.
（希望はあると思います。）

② **I believe there's** a reason for everything.
（何事にも理由があると思います。）

③ **I think there's** a problem with the computer.
（コンピューターに問題があるようです。）

④ **I think there's** a typo in this document.
（この文書にはタイプミスがあるようです。）
※typo：タイプミス

⑤ **I think there are** too many people in here.
（ここは人が多すぎると思います。）
※in here：この中は

💡 単語・フレーズ解説

✦ **Is there?**

ネイティブがよく使う "省エネあいづち"。後ろに a mistake in the fare が省略されています。

例 A：**I believe the fare's wrong.**
（運賃が間違っていると思います。）

B：**Oh, is it?** （そうですか？）
※is it wrong の wrong が省略された形

✦ **what we discussed earlier**

what 以下が〈主語＋動詞〉の語順なので、疑問文ではなく名詞節です。what we discussed earlier で「さっき私たちが話したもの（ここでは金額）」という意味になります。

Scene 16 予約していたホテルに チェックイン

I'd [I would] like to .... (…したいです。)

予約していたホテルのフロントにて、名前を伝えてチェックインします。 Track 033

I'd like to check in.

（チェックインしたいのですが。）

Do you have a reservation?

（予約されていますか？）

Yes, I have a reservation under the name of Hanako Suzuki.

（はい、鈴木花子の名前で予約してあります。）

Thank you, Ms. Suzuki. May I see your identification, please?

（ありがとうございます、鈴木様。身分証明書を見せていただけますか？）

Words and Phrases

- [ ] **I'd [I would] like to ....** …したいのですが。…したいです。
  👆 want よりもフォーマルな言い方
- [ ] **check in** （ホテルに）チェックインする
- [ ] **reservation** 名 予約
  👆「予約をする」は make a reservation または reserve（動詞）
- [ ] **under the name of ~** ～という名のもとに、～という名で
- [ ] **identification** 名 身分証明書、身元確認

I'd [I would] like to ... .

I'd [I would] like to ... . は「…したいです。」という意味で、**I want to ...**（…したい）よりも丁寧な言い方です。**I want to ...** はストレートな表現なので、親しい人との間のくだけた会話で使われることが多いです。

① **I'd like to** have dessert.（デザートを食べたいです。）

② **I'd like to** return this shirt.（このシャツを返品したいのですが。）

③ **I'd like to** go to the museum.（美術館に行きたいです。）

④ **I'd like to** make an appointment with Ms. Davis.
（デイヴィスさんとのアポを取りたいのですが。）
※appointment：面会の約束

⑤ **I'd like to** have the report by tomorrow.
（明日までにレポートをいただきたいのですが。）
※by：〜までに

単語・フレーズ解説

✦ have a reservation under the name of 〜

the name of を省略して、I have a reservation <u>under Hanako Suzuki</u>. でも通じます。また、have a reservation（予約している）の代わりに made a reservation（予約しました）と言ってもOKです。

✦ May I ... , please?

May I ...? は「…してもよろしいですか？」という〈許可〉を求めるフレーズなので十分丁寧ですが、さらに please を付けることもあります。

> 例 <u>May I</u> borrow your pen, <u>please</u>?
> （ペンをお借りしてもよろしいでしょうか？）

> 例 <u>May I</u> take a photo of this, <u>please</u>?
> （これの写真を撮ってもよろしいでしょうか？）

Scene 17 ホテルで空室を聞く

Do you have any ~ available?（～の空きはありますか？）

ホテルのフロントで空室があるかを尋ねます。

Track 035

Excuse me. Do you have any single rooms available for tonight?

（すみません。今夜、シングルルームは空いていますか？）

Yes, we do have single rooms available for tonight. How many nights would you like to stay?

（はい、今夜シングルルームは空きがございます。何泊されますか？）

For three nights, please.

（3泊お願いします。）

Perfect. I can certainly arrange that for you.

（かしこまりました。確かに手配させていただきます。）

Words and Phrases

- [ ] **any** 形 1つでも、少しでも、どれでも
- [ ] **would like to ...** …したいと思う ⦿ want to ... より丁寧な言い方
- [ ] **Perfect.** いいですね。かしこまりました。
- [ ] **certainly** 副 確実に、確かに
- [ ] **arrange** 動 ～を手配する

Do you have any ～ available?

Do you have any single rooms? では単に「シングルルームはありますか？」ですが、「利用可能な、空いている」という意味の形容詞 **available** を付けると「シングルルームの<u>空き</u>はありますか？」になります。**available** を付けると、意図がより明確に伝わります。

① **Do you have any** tables **available** for six people?
（6人用のテーブルの空きはありますか？）

② **Do you have any** seats **available** for the show?
（ショーに空席はありますか？）

③ **Do you have any** job positions **available** in your company?
（御社で募集している職種はありますか？）
※position：職

④ **Do you have any** meeting rooms **available** tomorrow?
（明日会議室の空きはありますか？）

単語・フレーズ解説

✦ **do ＋動詞**

この do は助動詞で、直後の動詞を強調します。意味は「確かに・本当に・～なら」です。三単現の文であれば does、過去の文であれば did になります。

例 We don't have any single rooms available for tonight, but we <u>do have</u> a double room.
（今夜はシングルルームの空室はございませんが、ダブルルーム<u>なら</u>ございます。）

例 Don't you remember? You <u>did say</u> so.
（覚えてないの？ あなたは<u>確かに</u>そう言ったよ。）

✦ **How many nights would you like to stay?**

泊数は「数字＋night(s)」で表すことができます。
例 I'd like to stay for <u>two nights</u>.（2泊したいのですが。）

Scene
18

ホテルの部屋を
見せてもらったら

I'm glad ～。/ I'm sorry ～。（～でよかったです。/ 残念です。）

正式にホテルを予約する前に、念のため部屋を見せてもらいます。

Track
037

May I see the room?

（お部屋を見てもよろしいですか？）

Sure! Follow me, please. The room has a single bed and a private bathroom.

（もちろんです！こちらへどうぞ。部屋にはシングルベッド
と専用バスルームがあります。）

Thank you. The room looks lovely!

（ありがとうございます。素敵なお部屋ですね！）

I'm glad you like it.

（気に入っていただけて嬉しいです。）

Words and Phrases

☐ **follow** 動 ～についていく　　☐ **private** 形 個人用の

☐ **bathroom** 名 バスルーム

　　💬 浴槽、シャワー、洗面台、トイレが1室にまとまっている場合もあります

☐ **look** 動 見る、～のように見える　　☐ **lovely** 形 素敵な、素晴らしい

☐ **glad** 形 嬉しい

Key Phrase

I'm glad 〜. / I'm sorry 〜.

Track 038

I'm glad 〜（〜で嬉しい、よかった）、I'm sorry 〜（〜で残念だ、後悔している）は、どちらも後ろに文を続けることができます。I'm sorry の場合、「ごめんなさい」か「残念・後悔」かは文脈で判断します。どちらも感想を述べるのに便利なのでセットで覚えておきましょう。I'm は省略されることもあります。

① **I'm glad** you came.（あなたが来てくれて嬉しいよ。）

② **I'm glad** I did.（やってよかったです。）

③ **I'm glad** you asked.（よくぞ聞いてくれました。）

④ **I'm sorry** you can't come.（あなたが来られなくて残念です。）

⑤ **I'm sorry** I did.（やるんじゃなかった。）

 単語・フレーズ解説

✦ The room has 〜.

「部屋に〜があります。」は The room has 〜. と言うことができ、物だけでなく景色にも使えます。

例 **The room has a great ocean view.**
（その部屋からは素晴らしいオーシャンビューが望めます。）

例 **The room has a panoramic view of the city.**
（その部屋からは市内が一望できます。）
※ panoramic：パノラマの、全景の見える

✦ look(s) ＋形容詞 / look(s) like ＋名詞

Scene 14 のキーフレーズは〜 sound(s) ＋形容詞 / 〜 sound(s) like ＋名詞（〜のように聞こえる）でしたが、「見て」抱いた感想は look（〜のように見える）で表すことができます。

例 **You look tired.**
（疲れているようだね。）

例 **The hotel looks like a castle.**
（まるでお城のようなホテルだ。）

Scene 19

宿泊料金を聞く

Is [Are] ～ included?（〜は含まれていますか？）

ホテルの宿泊料金と朝食について尋ねます。

Track 039

How much is it for three nights?

（3泊でおいくらですか？）

It will be $627 <u>in total</u>.

（合計627ドルになります。）

Is breakfast included?

（朝食は含まれていますか？）

Breakfast isn't included in the room rate, but our on-site restaurant offers it <u>for an extra fee</u>.

（朝食は宿泊料金に含まれておりませんが、館内のレストランでは追加料金で朝食のオプションを提供しています。）

Words and Phrases

☐ **include** 動 〜を含む
☐ **room rate** 名 宿泊料金　動 rate には「率、レート」という意味も
☐ **on-site** 形 現地の、施設内の
☐ **offer** 動 〜を提供する
☐ **extra fee** 名 追加料金

Is [Are] ～ included?

include は「〜を含む」という意味の動詞で、受け身（be動詞＋過去分詞）にすると「〜が含まれる」になります。買い物や旅行で便利なフレーズです。

① **Is** tax **included**?（税込みですか？）

② **Is** delivery **included** in the price?（送料は価格に含まれていますか？）
　※delivery：配送

③ **Is** the transportation **included** in the price?
　（交通費は料金に含まれていますか？）
　※transportation：輸送機関、運賃

④ **Are** sightseeing tours **included** in the itinerary?
　（観光ツアーは旅程に含まれていますか？）
　※itinerary：旅程

⑤ What **is included** in the price?
　（その価格には何が含まれていますか？）

単語・フレーズ解説

✦ in total

in total は「合計で、全部で」を表し、合計を尋ねたいときに便利なフレーズです。

　例 **How much is it in total?**
　（全部でいくらですか？）

　例 **How many people are there in total?**
　（全部で何人いますか？）

✦ for an extra fee

for an extra fee で「追加料金で、追加料金を払うと」という意味になります。for $○なら「○ドルで」、for free なら「無料で」という意味です。

　例 **We offer breakfast for $10 / for free.**
　（朝食は 10 ドルで／無料で 提供しています。）

Scene 20

宿泊代が予算オーバーだったら

比較級＋名詞（もっと～な○○）

宿泊代が予算オーバーなので、もう少し安い部屋があるかを尋ねます。 Track 041

Do you have any more reasonably priced rooms?

（もっと手ごろな価格の部屋はありますか？）

<u>Let me check what's available for you. Please give me a moment.</u>

（空き状況を確認させていただきます。少々お待ちください。）

Thank you, I appreciate it.

（ありがとうございます、感謝します。）

Yes, we do have a room at a lower rate.

（はい、安い料金のお部屋がございます。）

Words and Phrases

☐ **reasonably priced** 手ごろな価格の　🔤 **reasonable** は「手ごろな、妥当な」

☐ **available** 形 利用可能な、空いている　☐ **moment** 名 わずかな時間、一瞬

☐ **appreciate** 動 ～をありがたく思う、～に感謝する

☐ **do** 助 直後の動詞を強調　🔤 **Scene 17** 参照

☐ **lower** 形 low（低い）の比較級、より低い

比較級＋名詞

「もっと〜な○○」と言いたいときは、〈形容詞の比較級＋名詞〉で表すことができます。比較級は1〜2音節の形容詞には語尾に **-er**／**-r** を付け、3音節以上の形容詞にはその前に **more** を付けます。（1音節とは、1音で発音されるまとまりのことです。）ただし、1〜2音節の **y** で終わる形容詞は **y** を **i** に変えて **-er** を付けます。

例 long（長い）➡ longer ※1音節　　happy（幸福な）➡ happier ※2音節

interesting（興味深い）➡ more interesting ※4音節 in・ter・est・ing

① Do you have any **larger rooms**?（もっと大きな部屋はありますか？）

② Do you have any **quieter rooms**?（もっと静かな部屋はありますか？）
　※quiet：静かな

③ Do you have any rooms with a **better view**?
　（もっと眺めのいい部屋はありますか？）　※better：good の比較級

④ Do you have any **faster internet options**?
　（もっと速いインターネットのオプションはありますか？）

⑤ Do you have any **longer cables**?（もっと長いケーブルはありますか？）

単語・フレーズ解説

✦ Let me ... for you.

Let me ... for you. は「あなたのために…させてください（…しましょう）。」というニュアンスです。

例 **Let me** carry that **for you.**（私がそれをお運びしましょう。）

例 **Let me** get the door **for you.**（私がドアを開けましょう。）

✦ Please give me a moment.

直訳すると「私にわずかな時間をください」です。「少々お待ちください」を表す定番の言い方は他にもあります。

例 **Just a second, please.**／**One moment, please.**／**Give me a second, please.**

---

1 聞き取りにチャレンジ！

Track **043**

次の会話文を聞き取り、空欄に入る単語を記入しましょう。

Q 01

A : How many nights ☐ ☐ ☐ to stay?

B : For three nights, please.

❖ヒント do you wantを丁寧に言うと？（Scene 17）

Q 02

A : It seems higher than ☐ we discussed earlier.

B : Let me double-check.

❖ヒント 「さっき私たちが話したもの（金額）」（Scene 15）

Q 03

A : The room has a single bed and a private bathroom.

B : Thank you. The room ☐ lovely!

❖ヒント 「～に見える」（Scene 18）

Q 04

A : Let me off here, please. ☐ the change.

B : Thank you.

❖ヒント 「取っておく」という意味の動詞（Scene 14）

Q 05

A : I have a reservation ☐ the name of Hanako Suzuki.

B : Thank you, Ms. Suzuki.

❖ヒント 直訳は「～という名の下に」（Scene 16）

Q 06

A : Do you have any larger rooms?

B : Sure, let me check ☐ ☐. Please give me a moment.

❖ヒント 「あなたのために」（Scene 20）

Q 07

A : How much is it for three nights?

B : It will be $627 ☐ ☐.

❖ヒント 「合計で」（Scene 19）

---

2 キーフレーズ穴埋めクイズ

空欄に入る単語を記入し、キーフレーズを完成させましょう。

Q01
このシャツを返品したいのですが。

☐☐☐☐☐ **return this shirt.**

≫ヒント I want to を丁寧に言うと？（Scene 16）

Q02
ここは人が多すぎると思います。

I think ☐☐ **are too many people in here.**

≫ヒント 「〜がいる（ある）」を表すフレーズは？（Scene 15）

Q03
明日会議室の空きはありますか？

Do you have any meeting rooms ☐☐☐ **tomorrow?**

≫ヒント 「利用可能な、空いている」（Scene 17）

Q04
だいたいどれくらいの時間がかかりそうですか？

About ☐☐☐ **will it take?**

≫ヒント 「どれくらいの時間？」（Scene 13）

Q05
もっと眺めのいい部屋はありますか？

Do you have any rooms with a ☐☐☐ **view?**

≫ヒント good の比較級（Scene 20）

Q06
それはすごく楽しそう！

That ☐☐☐ **a lot of fun!**

≫ヒント 「〜に聞こえる」。fun は名詞（Scene 14）

Q07
やってよかったです。

I'm ☐☐ **I did.**

≫ヒント 「嬉しい」という意味の形容詞（Scene 18）

Q08
税込みですか？

Is tax ☐☐☐ **?**

≫ヒント 「含まれている」という受け身の文（Scene 19）

英会話力
アップの
11 Steps

Step 3

フォニックスで発音を
ワンランクアップ

Step 2では文全体の「リズム」と「音のつながり」に注目しましたが、Step 3では**個々の音（母音や子音）**にこだわりましょう。日本語の母音は「ア・イ・ウ・エ・オ」の5つしかありませんが、英語には日本語にはない母音がたくさんあります。

問題 次の3つの単語を正しく発音できますか？
　　　　stuck：行き詰まった（stickの過去分詞）
　　　　stack：〜を積み重ねる（Scene 69で登場）
　　　　stock：在庫、〜を蓄える

　u は何かに気づいたときに思わず出る「アッ」のような短い音で、a は「エ」と「ア」の中間のような音、o はあくびをするときのように大きな口を開けて「オ」と「ア」の中間のような音を出します。

　ネイティブ講師と一緒にオンラインレッスンをしていると、a の発音が u になってしまい、違う単語として伝わっている生徒さんが多く見られます（u のほうが日本語の「ア」に近いため）。a は少し大げさなくらい、「エ」の口で言うとうまく伝わります。

　子音にも、L と R、S と TH、S と SH など、区別するのが難しい音がありますよね。S の音は空気が漏れるような音で、si はカタカナで表すと「シ」ではなく「スィ」になります。sit と言うつもりで sh*t になってしまったら大変ですのでご注意ください。

　母音・子音の発音練習にお勧めなのが「フォニックス」です。フォニックスとはスペルと読み方の関係を表したルールのことで、本来はネイティブの子どもたちが読み書きができるようになるために学ぶものですが、私たち英語学習者にも大いに役立ちます。日本語にはない音を知れば、**発音が改善される**だけでなく**リスニング力もアップ**しますので、ぜひ書籍やYouTubeなどでチェックしてみてくださいね。

ホテル

Scene 21

予約されてないと言われたら

I'm ＋形容詞＋ to …。(…して〜だ。)

予約したはずのホテルで、予約が入っていないと言われました。

I'm afraid we don't have any reservations under your name.

（恐れ入りますが、お客様のお名前でのご予約は承っておりません。）

I made the reservation on the internet. Here's the confirmation slip.

（インターネットで予約しました。これが予約確認書です。）

Thank you. Oh! We do have the reservation. I apologize for my mix-up.

（ありがとうございます。あ！ご予約は承っております。手違いをお詫びします。）

I'm relieved to hear that.

（それを聞いて安心しました。）

Words and Phrases

- [ ] **reservation** 名 予約
- [ ] **confirmation slip** 名 予約確認書
- [ ] **apologize for 〜** 〜に対して謝罪する
- [ ] **mix-up** 名 混同、手違い
- [ ] **relieved** 形 安心した
- [ ] **under one's name** 〜の名前で

I'm ＋形容詞＋ to ….

I'm ＋形容詞＋ to …. は「…して～だ。」という意味です。I'm relieved to …. は「…して安心した。」になります。relieved の代わりに、感情を表すいろいろな形容詞を入れて応用してみましょう。

① **I'm glad to** hear that.
（それを聞いて嬉しいです。/ それはよかったです。）

② **I'm sorry to** hear that.
（それを聞いて残念です。/ それはお気の毒に。）

③ **I'm disappointed to** hear that.
（それを聞いてがっかりしています。）
※ disappointed：失望した

④ **I'm surprised to** hear the news.
（そのニュースを聞いて驚いています。）

⑤ **I'm excited to** join this company.
（この会社に入れることにワクワクしています。）

単語・フレーズ解説

✦ **I'm afraid (that) ～.**

I'm sorry, but ～（すみませんが～）とは異なり、I'm afraid ～（あいにく～です。申し訳ございませんが～）の後ろには but が付きません。

この会話のような事態に備えて、予約確認書は必ず手元に用意しておきましょう。名前のスペルミスや姓と名が入れ替わって予約されているケースもあります。

✦ **on the internet**

on the internet は「インターネットで」です。副詞の online（オンラインで）という単語もよく使われます。

例 **I bought some books online [on the internet].**
（オンラインで本を何冊か買いました。）

Scene 22

お湯が出ない

There's [There are] ~. / There's [There are] no ~.
（～がある。/～がない。）

バスルームのお湯が出ません。
フロントに電話をして伝えます。

Track 046

> Excuse me, I have a problem here.
> There's no hot water in the shower.

（すみません、問題があります。シャワーのお湯が出ないんです。）

> I apologize for the inconvenience.
> Let me check with our maintenance
> team right away.

（ご迷惑をおかけして申し訳ありません。すぐにメンテナン
スチームに確認します。）

> Thank you. Could you send someone
> to fix it as soon as possible?

（ありがとうございます。なるべく早く修理に来ていただけ
ますか？）

> Certainly.

（かしこまりました。）

Words and Phrases

- [ ] **apologize for ~** ～に対して謝罪する
- [ ] **inconvenience** 名 不便さ、迷惑　語 in-（否定）＋ convenience（便利さ）
- [ ] **check with ~** ～に相談する、～に確認する
- [ ] **maintenance** 名 メンテナンス、維持管理
- [ ] **send** 動 ～を送る、～を派遣する　[ ] **fix** 動 ～を修理する

There's [There are]〜. / There's [There are] no 〜.

There's [There are]〜. は「〜がある。」という、〈存在〉を表すフレーズです。「〜がない。」は There's [There are] no 〜. または There isn't [aren't] any 〜. と言うことができます。

① **There's no** place like home.
（家のような場所はどこにもない。/ わが家が一番です。）

② **There's no** need to worry.（心配する必要はないよ。）
※need のような抽象名詞にも使えます

③ **There's** a new coffee shop near here.
（この近くに新しいコーヒーショップができました。）

④ **There's** always room for dessert.（デザートはいつも別腹だよ。）
※room：余地、スペース

⑤ **There are** countless stars in the sky.（空には無数の星があります。）
※countless：数え切れない

単語・フレーズ解説

✦ **Let me … right away.**

Let me …. は「私に…させてください。私が…しましょう。」、right away は「すぐに、直ちに」という意味です。同様の意味で immediately [imí:diətli] もよく使われます。

✦ **as soon as possible**

possible は「可能性がある、なし得る」という意味で、as soon as possible は「できるだけ早く」です。「すぐに、直ちに」の right away や immediately よりも相手に配慮した言い方なので、依頼するときに適切な表現です。また、at your earliest convenience（ご都合がつき次第）もよく使われます。急ぎでない場合は when you have time（お時間のあるときに）など、状況に応じて使い分けましょう。

Scene
23

エアコンが作動しない①
フロントへ連絡

doesn't [don't] work（動かない、効かない、うまくいかない）

ホテルの部屋のエアコンが壊れているようなので、
フロントに連絡します。

Track 048

> **The air conditioner doesn't work.**
> **Could you check it out?**

（エアコンが効きません。調べてもらえますか？）

> **I'm sorry for the inconvenience.**
> **I'll send one of our maintenance staff**
> **to have a look at it.**

（ご迷惑をおかけして申し訳ありません。メンテナンススタ
ッフに見に行かせます。）

> **Thank you.**

（ありがとうございます。）

> **In the meantime, I can provide a**
> **portable fan, if you like.**

（それまでの間、ご希望でしたらポータブル扇風機をお持ち
いたします。）

Words and Phrases

- [ ] **air conditioner** 名 エアコン [略] AC
- [ ] **check out** ～を調べる、～を実際に確認する
- [ ] **inconvenience** 名 不便さ、迷惑
- [ ] **have a look at ～** ～を見てみる
- [ ] **in the meantime** その間に、それまでの間　[ ] **provide** 動 ～を提供する

doesn't [don't] work

work は「働く」という意味だけでなく、「(物が) 正常に動作する、(薬などが) 効く、(計画などが) うまくいく」と幅広く使える単語です。doesn't [don't] work は「動かない、効かない、うまくいかない」となります。

① The Wi-Fi **doesn't work**. (Wi-Fiが機能しません。)

② This cold medicine **doesn't work** for me.
（この風邪薬は私には効きません。）

③ These headphones **don't work**.
（このヘッドホンは壊れています。）

④ Old remedies often **don't work**.
（古い治療法は効かないことが多いです。）
※ remedy : 療法

⑤ The strategies we tried last month **didn't work**.
（先月試した戦略はうまくいきませんでした。）
※ strategy : 戦略。strategy の後ろの関係代名詞 (that) が省略された形

単語・フレーズ解説

✦ send [人] to ...

send は「物を送る」だけでなく「人を派遣する」ときにも使える動詞です。to 以下は「…するために」という不定詞の副詞的用法で、派遣する〈目的〉を表します。

✦ I can ..., if you like.

if you like は「ご希望なら」という意味です。I can ... は「…できる」という〈能力〉だけでなく、「…することもできますよ」という〈提案〉のニュアンスで使われることがあります。

例 **I can** make some tea, if you like.
（よろしければお茶を入れますよ。）

Scene 24

エアコンが作動しない②
代わりの扇風機

That would be ～。（そうしてくれたら／そうなったら～です。）

エアコンが使えない間、ポータブル扇風機を持ってきてもらうことにします。

Yes, please. That would be great.

（はい、お願いします。そうしていただけると助かります。）

All right. The fan will <u>be brought to</u> your room right away. We'll also work on fixing the air conditioner as soon as possible.

（承知しました。すぐに扇風機をお部屋までお持ちします。
エアコンの修理も弊社スタッフが早急に対応いたします。）

Thank you for your quick response.

（迅速な対応ありがとうございます。）

Words and Phrases

- [ ] **All right.** 承知しました。かしこまりました。
- [ ] **right away** すぐに、直ちに
- [ ] **work on ～** ～に取りかかる
- [ ] **fix** 動 ～を修理する
- [ ] **as soon as possible** できるだけ早く [略] ASAP
- [ ] **quick** 形 素早い
- [ ] **response** 名 反応、対応

Key Phrase

That would be 〜. Track 051

That would be great. は「(そうしてくれたら・そうなったら) 素晴らしい、嬉しいです。」という〈仮定法〉の文で、提案や誘いを受けたときの返答によく使われます。形容詞を入れ替えて使ってみましょう。

① **That would be** lovely.（それは素敵です。）

② **That would be** helpful. Thank you.（助かります。ありがとう。）

③ **That would be** inconvenient for me.
（それは私には都合が悪いです。）
※inconvenient：不便な、不都合な

④ **That would be** challenging, but let's give it a try.
（困難でしょうが、やってみましょう。）
※challenging：困難な、やりがいのある

💡 単語・フレーズ解説

✦ be brought to 〜

brought は動詞 bring（〜へ持ってくる、〜へ〈あなたのところへ〉持って行く）の過去分詞です。〈be 動詞＋過去分詞〉は受け身で「〜へ持って行かれる」になります。この文を直訳すると、「扇風機はあなたの部屋へ直ちに運ばれます」。

例 This program **is brought to you** by ABC Airlines.
（この番組はABC航空の提供でお送りしています。）

✦ Thank you for your quick response.

メールでも使える便利なフレーズです。response の代わりにreply（返事）もよく使われます。
Thank you for 〜.（〜をありがとう。）の〜には名詞か動名詞が入ります。

例 Thank you for **your help.** / Thank you for **helping me.**
（助けてくれてありがとう。）

Scene 25 タオルを交換してほしい

Please don't hesitate to .... / feel free to ....
（遠慮なく…してください。）

部屋のタオルがいつまでも交換されないので、フロントに連絡します。 Track 052

Could you change the towels?

（タオルを替えていただけますか？）

Certainly. Is there <u>anything else I can assist you with</u>?

（かしこまりました。他に何かお手伝いできることはありますか？）

No, <u>everything's fine other than that</u>. Thank you.

（いいえ、それ以外は大丈夫です。ありがとうございます。）

If you need any further assistance during your stay, **please don't hesitate to let us know.**

（滞在中にまたお困りのことがありましたら、遠慮なくお申し付けください。）

Words and Phrases

- [ ] **anything else** 他の何か
- [ ] **assist [人] with ～** [人] の～を手助けする
- [ ] **other than that** それ以外は　　[ ] **further assistance** さらなる助け
- [ ] **during** 前 ～の間　　前 前置詞なので後ろには名詞がきます
- [ ] **hesitate to ...** …するのをためらう　　[ ] **let [人] know** [人] に知らせる

Track 053

Please don't hesitate to …. / feel free to ….

hesitate to … は「…するのをためらう」という意味なので、**don't hesitate to** … で「ためらわずに・遠慮なく…してください」となります。類似フレーズに **feel free to** …（気軽に…する）があります。

① **Please don't hesitate to** ask if you have any questions.
（質問がありましたら遠慮なくお尋ねください。）

② **Please feel free to** call me if you need any help.
（お困りの際はお気軽にお電話ください。）

③ **Please don't hesitate to** ask for more information about our products.（当社製品の詳細に関して遠慮なくお問い合わせください。）
※ ask for 〜：〜を請求する、〜を頼む

④ **Please feel free to** bring a guest to the party.
（パーティーにはお気軽にゲストをお連れください。）

⑤ If you have any ideas, **please don't hesitate to** speak up.
（何かアイデアがありましたら、遠慮なく発言してください。）

単語・フレーズ解説

✦ **anything else I can assist you with**

anything else（that）I can assist you with の関係代名詞 that が省略された形。that 以下（お手伝いできる）が anything else（他の何か）を修飾しています。

✦ **Everything is fine other than that.**

everything（全てのもの）は単数扱いになる点に注意しましょう。every は1つ1つを指す語で、後ろには単数名詞が続きます。

例 **everyone**（みんな）, **every day**（毎日）, **every Friday**（毎週金曜日）

other than that（それ以外は）の that は、直前に話した内容を指します。

例 **I have a slight fever, but other than that, I'm good.**
（微熱があるけど、それ以外は大丈夫。）

Scene 26
頼んでいない ルームサービスが来たら

I'm afraid you must have the wrong ～.（あいにく～をお間違えのようです。）

部屋でくつろいでいたら誰か来たようです。

Track 054

(knocks)

（コンコン）

Who is it?

（どちらさまですか？）

I've brought the room service you ordered.

（ご注文のルームサービスをお持ちしました。）

I'm afraid you must have the wrong room. I didn't order anything.

（部屋をお間違えのようです。私は何も注文していません。）

Words and Phrases

☐ **brought** bring（持ってくる）の過去分詞
☐ **order** 動 ～を注文する
☐ **I'm afraid ～.** あいにく～です。申し訳ありませんが～。 ⚠ but は不要
☐ **must** 助 ～に違いない、～のはずだ
☐ **wrong** 形 間違った　☐ **anything** 代 （否定文で）何も、1つも（～ない）

I'm afraid you must have the wrong ～.

I'm afraid ～. は「あいにく～です。」、you must have the wrong ～
は直訳すると「あなたは間違った～を持っているに違いありません」で
す。助動詞 must（～に違いない、～のはずだ）を外すと、より断定的
な言い方「あなたは間違った～を持っています」になります。

① **I'm afraid you must have the wrong** number.
（あいにく番号をお間違えのようです。）

② **I'm afraid you must have the wrong** person.（あいにく人違いです。）

③ **I'm afraid you must have the wrong** address.
（あいにく住所をお間違えのようです。）

④ **I'm afraid you must have the wrong** idea.
（あいにく誤解されているようです。）
※ wrong idea：誤解、勘違い

⑤ **I'm afraid you must have the wrong** date.
（あいにく日にちをお間違えのようです。）

単語・フレーズ解説

✦ Who is it?

ドア越しや電話口など、顔の見えない相手に「どちらさまです
か？」と尋ねるときは Who is it? と言います。Who are you? は
面と向かって尋ねるときのフレーズなので注意しましょう。

✦ I've brought the room service you ordered.

I've brought ～. は「（たった今）～をお持ちしました。」という現
在完了〈完了〉の文です。
the room service（that）you ordered は関係代名詞 that が省略
された形で、you ordered が the room service を修飾しています。
that 以下の文に目的語が欠けているため、that は関係代名詞の
目的格です。目的格は省略されることが多いです。
例 the book I borrowed（私が借りた本）

Scene 27

チェックアウト時の伝票確認

What is [are] ～ for? (～は何のためですか?)

チェックアウト時に伝票を見ると、利用した覚えのない請求があったので確認します。

Track 056

I'd like to check out.

(チェックアウトしたいのですが。)

Certainly. Here is the bill, and <u>the total amount is shown here.</u>

(かしこまりました。こちらが伝票で、合計金額はこちらになります。)

What is this charge for?

(これは何の請求ですか?)

It's for the minibar items you consumed during your stay. <u>Would you like a detailed breakdown of the items?</u>

(ご滞在中にお召し上がりになったミニバーの代金です。詳しい内訳をご希望ですか?)

Words and Phrases

- [ ] **bill** 名 伝票、請求書
- [ ] **charge** 名 料金、使用料
- [ ] **consume** 動 ～を消費する
- [ ] **detailed** 形 詳細な
- [ ] **total amount** 合計金額
- [ ] **minibar item** ミニバーの品物
- [ ] **during one's stay** 滞在中に
- [ ] **breakdown** 名 内訳

What is [are] ～ for?

for は「～のために」という意味の前置詞なので、**What is [are] ～ for?** で「～は何のためですか？」となります。**What is this charge for?** は、身に覚えのない請求に対して「この請求は何のですか？」と聞くときの定番フレーズです。

① **What is** this fee **for?**（これは何の料金ですか？）
　※fee：料金

② **What are** these additional charges **for?**
（これらは何の追加料金ですか？）
　※additional：追加の

③ **What are** these figures **for?**（これらは何の数字ですか？）
　※figure：数字

④ **What is** this document **for?**（これは何のための書類ですか？）

⑤ **What are** these medications **for?**（これらは何のための薬ですか？）
　※medication：薬剤

単語・フレーズ解説

✦ The total amount is shown here.

be動詞＋過去分詞で「…された」という受け身の文になります。直訳すると「合計金額はここに表示されています」。

　例 The sales figures are shown in the table below.
（売上高は下表のとおりです。）
※table：（データの）表、below：下の

✦ Would you like ～ ?

would like ～は「～がほしい」という意味で、want よりフォーマルな言い方です。Do you want ～?（～がほしいですか？）よりも、Would you like ～?（～をご希望ですか？、～はいかがですか？）のほうが丁寧です。

　例 Would you like some coffee?
（コーヒーはいかがですか？）

Scene 28
チェックアウト後も 荷物を預けたい

Would it be possible to ... ? (…することは可能でしょうか？)

チェックアウト後も市内を観光したいので、荷物を預かってもらえるか尋ねます。

Track 058

> **I really enjoyed my stay here. Thank you.**

（ここでの滞在は本当に楽しかったです。ありがとうございます。）

> **I'm delighted to hear that. I <u>hope</u> we can welcome you back <u>in the future</u>.**

（そう言っていただけて嬉しいです。またのお越しをお待ちしております。）

> **Would it be possible to leave my baggage here for a few hours?**

（手荷物を数時間、こちらに預けることは可能でしょうか？）

> **Certainly. You can <u>leave</u> your baggage at the front desk without any worries.**

（もちろんです。フロントにてお預かりしますので、ご安心ください。）

Words and Phrases

- [ ] **delighted** 形 喜んで
- [ ] **welcome [人] back** [人]を再び迎え入れる
- [ ] **in the future** 将来
- [ ] **possible** 形 可能な
- [ ] **baggage** 名 (旅行などでの)手荷物
- [ ] **a few hours** 数時間
- [ ] **front desk** フロント、受付
- [ ] **without any worries** 何の心配もなく

Key Phrase

Would it be possible to ... ?

Is it possible to ... ?（…することは可能ですか？）はストレートな言い方です。仮定法（ひょっとして…することは可能でしょうか？）にした **Would it be possible to ... ?** は、遠回しでより丁寧な表現になります。

① **Would it be possible to** change rooms?
（部屋の変更は可能でしょうか？）

② **Would it be possible to** postpone today's meeting?
（今日の会議を延期することは可能でしょうか？） ※postpone：〜を延期する

③ **Would it be possible to** cancel the tour?
（ツアーをキャンセルすることは可能でしょうか？）

④ **Would it be possible to** reschedule our appointment?
（アポイントの変更は可能でしょうか？）

⑤ **Would it be possible to** get a refund?
（返金していただくことは可能でしょうか？） ※refund：返金

💡 単語・フレーズ解説

✦ I hope 〜 in the future.

I hope 〜 は「〜を望む」です。in the future の代わりに someday（いつか）、in the near future（近い将来）、soon（すぐに）などもよく使われます。

　例 I hope we can get together again soon.
（またすぐ集まれたらいいな。）

✦ leave

leave は「（場所を）去る」だけでなく、「（物や人を置いて）去る」という意味もあります。この会話のフレーズでは「（意図的に荷物を）預ける」ですが、「（物をうっかり）置き忘れる」という意味でも使えます。

　例 I left my smartphone somewhere.
（スマホをどこかに置き忘れてしまいました。）

---

1 聞き取りにチャレンジ！

次の会話文を聞き取り、空欄に入る単語を記入しましょう。

Q 01
A：The fan will be _____ to your room right away.
B：Thank you for your quick response.

≫ヒント bring の過去分詞（Scene 24）

Q 02
A：I can provide a portable fan, if _____ .
B：That would be great.

≫ヒント 「ご希望なら」（Scene 23）

Q 03
A：Is there _____ I can assist you with?
B：No, everything's fine other than that.

≫ヒント 「他の何か」（Scene 25）

Q 04
A：Could you send someone to fix the problem as soon as _____ ?
B：Certainly.

≫ヒント 「可能な、なし得る」という意味の形容詞（Scene 22）

Q 05
A：I really enjoyed my stay here.
B：Thank you. _____ we can welcome you back in the future.

≫ヒント 「〜を望む、〜だといいな」（Scene 28）

Q 06
A：Here is the bill, and the total amount is _____ here.
B：What is this charge for?

≫ヒント show の過去分詞（Scene 27）

Q 07
A：(*knocks*) Who is it?
B：I've brought the room service you _____ .

≫ヒント 「注文した」（Scene 26）

2 キーフレーズ穴埋めクイズ

空欄に入る単語を記入し、キーフレーズを完成させましょう。

Q 01

部屋の変更は可能でしょうか？

_____ it be possible to change rooms?

◇**ヒント** Is it 〜?よりも丁寧な言い方（Scene 28）

Q 02

わが家が一番です。

There's _____ like home.

◇**ヒント** 直訳「家のような場所はどこにもない」（Scene 22）

Q 03

この風邪薬は私には効きません。

This cold medicine _____ for me.

◇**ヒント** 「機能しない、効かない」（Scene 23）

Q 04

これは何の料金ですか？

What is this fee _____ ?

◇**ヒント** 「〜のために」（Scene 27）

Q 05

お困りの際はお気軽にお電話ください。

Please _____ to call me if you need any help.

◇**ヒント** 直訳「自由だと感じる」（Scene 25）

Q 06

助かります、ありがとう。

That _____ be helpful, thank you.

◇**ヒント** 「そうしてくれたら助かります」という仮定法（Scene 24）

Q 07

それはお気の毒に。

_____ to hear that.

◇**ヒント** 「ごめんなさい」ではなく「残念です」の意味（Scene 21）

Q 08

あいにく番号をお間違えのようです。

I'm afraid you must have the _____ .

◇**ヒント** 「間違った番号」（Scene 26）

英文法の基礎を
おさらいする

　英文の読み書きに英会話……何をするにも「語彙と英文法」という**しっかりした土台**が必要です。今回は英文法の大切さに触れたいと思います。

　ここ数年、私が小中学生にも英語を教えるようになって実感したのは、いわゆる「中学英語」（英検3級レベル）の英文法がとても充実していて、これをしっかりマスターすれば何でも書ける（話せる）のではないかということでした。本書に出てくる英文も**中学英語で全てカバー**できます。

　言い換えれば、「不定詞」「There is構文」「受け身」「現在完了」「関係代名詞」「間接疑問」などなど、こんなに多くのことを中学校の3年間で覚えなくてはいけないのです。しかも2021年からは「仮定法」まで追加されたというのですから、今の中学生は大変ですね。

　英文法は「積み重ね」。各項目が密接に関わり合っています。例えば、本書にも There is構文はたびたび登場します。

- There's [There is] a photo area out front. （Scene 68）
- There's a risk of a tsunami. （Scene 78）

この構文に未来を表す will を組み合わせると……
- There'll [There will] be a discount on the items here starting from 5 p.m. （Scene 62）

現在完了〈has／have＋過去分詞〉を組み合わせると……
- There's [There has] been an earthquake. （Scene 77）

　中学英語はあなどれませんね。もし今、英語力が伸び悩んでいるとすれば、英文法知識のどこかに穴があるのかもしれません。そんなときは中学英文法の本を1冊おさらいしてみてはいかがでしょうか。

Chapter

5

レストラン

Scene 29 席を予約する

There are 数字＋名詞 〜。（〜が○つあります。）

今夜のディナーのためにレストランを電話で予約します。

Track 061

Can I <u>reserve</u> a table for 7 p.m. tonight?

（今夜7時にテーブルを予約できますか？）

Certainly. How many people?

（かしこまりました。何名様ですか？）

There are four people in our party.

（4名のグループです。）

OK, one table for four people at 7 p.m. tonight. <u>May I have your name, please</u>?

（今夜7時に4名様用のテーブルですね。お名前を伺えますか？）

Words and Phrases

☐ **Can I ...?** …できますか？
☐ **Certainly.** かしこまりました。いいですよ。
☐ **party** 名 （行動を共にする）一行、団体、パーティー

There are 数字＋名詞 ～.

Scene 22 のキーフレーズ **There's [There are]** ～. （～がある。） / **There's [There are] no** ～. （～がない。）と同じ **There is 構文**です。今回の会話文のように、数を質問されたときにも便利なフレーズです。

① **There are three museums** in this city.
（この街には美術館が3つあります。）

② **There are 10 participants** in the workshop.
（ワークショップの参加者は10人です。）

③ **There are three key points** in my presentation.
（私のプレゼンテーションの重要な点は3つあります。）

④ **There are only a few days left** this year.
（今年も残り数日となりました。）
※left：leave の過去分詞、残された

⑤ **There are about 10,000 members** in this Facebook group.
（この Facebook グループには 約1万人のメンバーがいます。）

単語・フレーズ解説

✦ **reserve**

reserve は座席やホテルの部屋など、「（場所を）予約する」という意味です。代わりに動詞の book を使うこともあります。reserve、book の名詞形はそれぞれ reservation、booking です。

例 **Can I book** a table for 7 p.m. tonight?
（今夜7時にテーブルを予約できますか？）

✦ **May I …, please?**

Scene 01 のキーフレーズ May I have ～? に please がついた形です。May I …? だけでも十分丁寧ですが、このようにさらに please を付けることがあります。

例 **May I have a receipt, please?**
（領収書をいただけますか？）

Scene 30

窓際のテーブルを リクエスト

Could I ...? (…してもいいですか？)

レストランが満席で、2時間後の予約をすることになりました。
窓側のテーブルをリクエストします。

Track 063

I'm sorry, but we're fully booked right now.

（申し訳ございませんが、ただいま満席です。）

How long is the wait?

（待ち時間はどれくらいですか？）

It's approximately two hours. Would you like to book a table for 9 p.m.?

（約2時間です。午後9時のテーブルを予約されますか？）

Yes, please. Could I request a table by the window?

（はい、お願いします。窓際のテーブルをお願いできますか？）

Words and Phrases

- [ ] **fully** 副 完全に
- [ ] **booked** 形 予約された　　　　　　　　 [ ] **wait** 名 待つこと、待ち時間
- [ ] **approximately** 副 おおよそ
- [ ] **Would you like to ...?** …したいですか？
    - 👍 **Do you want to ...?** より丁寧な表現
- [ ] **book** 動 〜を予約する　🐮 予約台帳に記入していたことに由来
- [ ] **request** 動 〜を希望する、〜を依頼する　 [ ] **by** 前 〜のそばの

Key Phrase

Could I ...?

Could I ...? は仮定法で「（ひょっとして）…できるでしょうか？／…してもいいですか？」というニュアンスのフレーズです。ストレートに尋ねる Can I ...?（…できますか？）よりも丁寧な言い方になります。

① **Could I** request a window seat?（窓側の席をお願いできますか？）

② **Could I** request an aisle seat?（通路側の席をお願いできますか？）
　※aisle [áil]：通路

③ **Could I** have a copy of the presentation slides?
（プレゼンのスライドのコピーをいただけますか？）

④ **Could I** confirm my reservation for tonight?
（今夜の予約を確認したいのですが。）

⑤ **Could I** make an appointment with you?
（アポイントを取らせていただけますか？）

 単語・フレーズ解説

✦ I'm sorry, but ～.

I'm sorry, but ～ は「申し訳ありませんが・すみませんが、～」という意味です。I'm terribly sorry, but ～（大変申し訳ございませんが、～）と言うこともあります。似たフレーズの I'm afraid ～（あいにく～です、申し訳ありませんが～）には but が付かないので気をつけましょう。

✦ wait

動詞の wait は「待つ」、名詞の wait は「待つこと、待ち時間」という意味です。

　例 I'm sorry for the <u>wait</u>.
　（お待たせしてすみません。）

　例 It was worth the <u>wait</u>.
　（待ったかいがありました。）
　※worth：～の価値がある

ウェイターさんの お薦めを聞く

What do you recommend?（お薦めは何ですか？）

注文がなかなか決まらないので、ウェイターさんのお薦めを聞いてみます。

Are you ready to order?

（ご注文はお決まりですか？）

No, I haven't decided yet. What do you recommend?

（いえ、まだ決めていません。お薦めは何ですか？）

Our specialty is grilled salmon, but for a lighter option, try the Caesar salad with grilled chicken.

（当店の名物はグリルサーモンですが、軽めのメニューでしたらシーザーサラダのグリルチキン添えがお薦めです。）

Hmm, the grilled salmon sounds tempting. I'll have that.

（うーん、グリルサーモンにそそられますね。それをいただきます。）

Words and Phrases

- [ ] **order** 動 ～を注文する
- [ ] **specialty** 名 名産、名物
- [ ] **lighter** 形 より軽い、light（軽い）の比較級
- [ ] **try** 動 ～を試してみる
- [ ] **tempting** 形 魅力的な

- [ ] **decide** 動 決定する
- [ ] **grilled** 形 グリルした
- [ ] **option** 名 選択肢
- [ ] **sound** 動 ～に聞こえる、～に思われる
- ☞ **Scene 14** のキーフレーズ参照

What do you recommend?

recommend は「〜を薦める、〜を推薦する」という意味の動詞です。
What do you recommend? はお薦めを聞きたいときの万能フレーズ
ですが、**What** の後ろに名詞を加えて具体的に尋ねることもできます。

① **What** desserts **do you recommend**?
（お薦めのデザートは何ですか？）

② **What** books **do you recommend** for learning English grammar?
（英文法を学ぶのにお薦めの本は？）

③ **What** restaurants **do you recommend** in London?
（ロンドンでお薦めのレストランは？）

④ **What** diet apps **do you recommend**?
（お薦めのダイエットアプリは？）

⑤ **What** tours **do you recommend** for first-time visitors?
（初めて訪れる人にお薦めのツアーは？）

単語・フレーズ解説

✦ Are you ready to order?

直訳すると「注文する準備はできていますか？」ですが、日本語
の「ご注文はお決まりですか？」というフレーズに近いです。「注
文が決まりました。」は I'm ready to order. です。

✦ I haven't … yet.

have ＋過去分詞は現在完了の文です。I haven't decided yet. は
「まだ決めていません」という〈完了〉の否定文になります。yet
は現在完了の文でよく使われる副詞で、疑問文のときは「もう」、
否定文のときは「まだ」となります。

　例 **Has** David come **yet**?
　（デイヴィッドはもう来たの？）
　例 **I haven't** finished my lunch **yet**.
　（まだ昼食を食べ終えていません。）

Scene 32 料理が辛いか確認したい

Is [Are] 食べ物 / 飲み物 ～?（その食べ物 / 飲み物は～ですか？）

レストランで子どもでも食べられるメニューがあるかを聞きます。

Track 067

Do you have a kids' menu?

（キッズメニューはありますか？）

Sorry, we don't have a kids' menu, but we offer child-friendly dishes like chicken nuggets and sandwiches.

（申し訳ありません、キッズメニューはありませんが、チキンナゲットやサンドイッチなどお子様向けのメニューをご用意しています。）

Thank you. Is the tomato pasta spicy?

（ありがとうございます。トマトパスタは辛いですか？）

Yes, but we can prepare it without chili peppers.

（はい、でも唐辛子抜きでもご用意できますよ。）

Words and Phrases

- [ ] **offer** 動 ～を提供する
- [ ] **child-friendly** 形 子どもに優しい
- [ ] **spicy** 形 辛い、香辛料の効いた
- [ ] **prepare** 動 ～を用意する、～を調理する
- [ ] **without** 前 ～なしで
- [ ] **chili pepper** 名 唐辛子

Is [Are] 食べ物 / 飲み物 ～?

Track 068

食べ物や飲み物の味を事前に確認するときに便利なフレーズです。味を表す形容詞をいくつか覚えておきましょう。**spicy** は「香辛料の効いた、辛い」という意味で、反対は **mild**（刺激の少ない、マイルドな）です。

① **Is** the ginger ale **sugary?**（ジンジャーエールは甘いですか？）

　　※sugary：砂糖の入った、甘い

② **Is** the lemonade **sour?**（レモネードは酸っぱいですか？）

③ **Is** the coffee **strong?**（コーヒーは濃いですか？）

　　※strong：濃い⇔weak：薄い

④ **Is** the steak **tender?**（ステーキは柔らかいですか？）

　　※tender：（肉などが）柔らかい⇔tough / hard：固い

⑤ **Are** the tacos **spicy?**（タコスは辛いですか？）

 単語・フレーズ解説

✦ child-friendly

名詞に –friendly を付けると、「～に優しい、～にとって使いやすい」という意味の形容詞になります。

　　例 **eco-friendly**（環境に優しい）
　　　family-friendly（ファミリー向けの）
　　　user-friendly（ユーザーが使いやすい）
　　　pet-friendly（ペット可の）
　　　budget-friendly（お財布に優しい）
　　　※budget：予算

✦ without chili peppers

without chili peppers で「唐辛子抜きで」という意味です。反対に、「～と一緒に」は with ～を使います。

　　例 **Could I have the grilled chicken without garlic?**
　　　（グリルチキンをニンニク抜きでいただけますか？）

　　例 **Could I have the scones with whipped cream?**
　　　（スコーンをホイップクリーム付きでいただけますか？）

Scene
33
副菜が付くか確認したい

be served with ～（～と一緒に/付きで出されます）

料理に副菜が付くかどうかを確認します。

Track 069

> I'll have the barbecue chicken. Is it served with any sides?

（バーベキューチキンをいただきます。何か付け合わせはありますか？）

> The barbecue chicken comes with two sides – mashed potatoes and a salad.

（バーベキューチキンには、マッシュポテトとサラダの2種類の副菜が付いています。）

> Sounds delicious! I'll have that, thank you.

（おいしそうですね！ それをいただきます、ありがとう。）

Words and Phrases

- [ ] **I'll have ～.** ～をいただきます。～をください。
- [ ] **serve** 動（食事や飲み物を）出す ☞ここでの served は過去分詞
- [ ] **side** 名 付け合わせ（= side dish）
- [ ] **come with ～** ～が付いている
- [ ] **sound** 動 ～に聞こえる、～に思われる ☞ Scene 14 のキーフレーズ参照

Key Phrase

be served with ～

serve は「（食事や飲み物を）出す」という意味で、**be 動詞＋過去分詞**の〈受け身〉にすると「～が出される」です。**be served with ～** で「～と一緒に出される、～付きで出される」となります。

① **Is** it **served with** French fries?（フライドポテトは付いていますか？）
　※French fries：フライドポテト

② **Is** the steak **served with** any vegetables?
　（ステーキには何か野菜が付いていますか？）

③ **Is** the curry **served with** rice or naan?
　（カレーにライスかナンは付いていますか？）

④ The dumplings **are served with** soy sauce.
　（餃子には醤油が添えられています。）

⑤ The sausages **are served with** mustard.
　（ソーセージにはマスタードが添えられています。）

 単語・フレーズ解説

✦ come with ～

come with ～は直訳すると「～と一緒に来る」で、料理の場合は「～が付いている」という意味で使われます。be served with ～ とほぼ同じように使えます。

　例 Does it come with any sides? = Is it served with any sides?
　例 The sausages come with mustard.
　　 = The sausages are served with mustard.

✦ Sounds delicious!

Scene 14 のキーフレーズで That sounds / sounds like ～. という文を扱いましたが、その主語を省略したバージョンです。That は省略されることもよくあります。

　例 That sounds nice. ➡ Sounds nice.（いいね。）
　例 That sounds like a lot of fun! ➡ Sounds like a lot of fun!
　　（すごく楽しそう！）

Scene 34 注文は以上です

will ... for now（とりあえず今は…します）

ひと通り注文を終え、「以上です」と伝えます。

Anything else?

（他に何かございますか？）

No, that will be all for now. Thank you for your recommendations.

（いいえ、とりあえず以上です。お薦めありがとうございました。）

You're welcome. Your order <u>will be ready shortly</u>. If you need anything else, feel free to <u>let me know</u>.

（どういたしまして。ご注文の品はまもなくご用意できます。
他に何かございましたら、遠慮なくおっしゃってください。）

Thank you.

（ありがとうございます。）

Words and Phrases

- [ ] **anything else** 他の何か
- [ ] **for now** 今のところ、ひとまず
- [ ] **recommendation** 图 推薦、お薦めのもの
  働 recommend（〜を薦める）の名詞形
- [ ] **order** 图 注文、注文品
- [ ] **shortly** 副 まもなく
- [ ] **need** 動 〜を必要とする
- [ ] **feel free to ...** 気軽に…する、遠慮なく…する

will ... for now

Track 072

That will be all for now. は「(今後何かあるかもしれないけれど)とり あえず以上です。」というニュアンスのフレーズです。**will ... for now** で「とりあえず今は…します」という意味です。

① That **will** do **for now**.(とりあえずそれで十分です。)

　※do：役立つ、事足りる

② I'**ll** stop **for now**.(とりあえず止めておきます。)

③ I'**ll** have a salad **for now**.(とりあえずサラダをいただきます。)

④ I'**ll** leave it as it is **for now**.(今はそのままにしておきます。)

　※as it is：そのままに

⑤ We'**ll** go with this solution **for now**.(当面はこの解決策で行きます。)

　※solution：解決策

💡 単語・フレーズ解説

✦ <u>～ will be ready shortly.</u>

Your order will be ready shortly. の直訳は「あなたの注文品は まもなく準備が整います」。主語を替えていろいろなシチュエー ションで使うことができる表現です。

例 The report <u>will be ready shortly.</u>

　(報告書はまもなく完成します。) ※report：報告書

例 I'll <u>be ready shortly.</u>

　(すぐに準備するよ。) ※人を主語にすることもできます

✦ <u>let me know</u>

「知らせて」と言うときの定番フレーズです。丸ごと覚えておき ましょう。

例 Thank you for <u>letting me know.</u>

　(知らせてくれてありがとう。)

例 If you need any further information, please <u>let me know.</u>

　(さらに詳しい情報が必要な場合はお知らせください。)

Scene 35 料理の待ち時間を確認したい

how long ～ will take（〜はどれくらいの時間がかかるのか）

食事の後に観劇の予定があるので、料理が出てくるまでの時間をあらかじめ聞いておきます。

Track 073

Could you tell me how long our order will take? We have <u>a musical to see</u> at 9 p.m. at the QR Theater.

（注文してからどのくらい時間がかかるか教えていただけますか？ 夜9時からQRシアターでミュージカルを観るんです。）

Certainly. Our current average wait time for orders is around 20 minutes.

（かしこまりました。現在の注文の平均待ち時間は20分ほどです。）

Thank you.

（ありがとうございます。）

We'll <u>try our best to</u> get your order to you quickly.

（ご注文の料理を迅速にお出しできるよう、最善を尽くします。）

Words and Phrases

- [ ] **order** 名 注文、注文品
- [ ] **musical** 名 ミュージカル
- [ ] **current** 形 現在の
- [ ] **average** 形 平均の
- [ ] **wait time** 名 待ち時間
- [ ] **around** 前 おおよそ〜、約〜
- [ ] **quickly** 副 速く、素早く

Key Phrase

how long ～ will take

Track 074

Scene 07 のキーフレーズでも取り上げましたが、〈疑問詞＋主語＋動詞〉の語順で「～なのか」という〈名詞節〉になります。**how long ～ will take** は「～がどれくらいの時間がかかるのか（～の所要時間）」です。

① Could you tell me **how long the flight will take**?
（フライトの所要時間を教えていただけますか？）

② Do you know **how long the repair will take**?
（修理にどれくらい時間がかかるかご存じですか？）
※ repair：修理

③ I wonder **how long the drive will take**.
（車でどれくらいの時間がかかるんだろう。）
※ I wonder ～：～かしらと思う

④ Do you know **how long the test will take**?
（テストの所要時間を知ってる？）

⑤ Does anyone know **how long the construction will take**?
（建築工事にどれくらい時間がかかるか、誰か知っていますか？）

🔆 単語・フレーズ解説

✦ a musical to see

to see が a musical を修飾している形で、直訳は「見るべきミュージカル」です。名詞を後ろから修飾しているので不定詞の形容詞的用法です。

例 **something to drink**：何か飲むもの
many places to see：見るべきたくさんの場所

✦ try our best to ...

try one's best で「最善を尽くす」という意味です。do one's best とほぼ同じように使えますが、do は「する」と断言しているのに対し、try は「やってみる、努力する」というニュアンスがあり、結果よりも「努力」に重点を置いた言い方になります。

Scene 36
注文したのと違う料理が出てきたら
what＋主語＋動詞（～なもの、こと）

注文したものとは違うケーキが運ばれてきました。
間違えていることを伝えます。

Excuse me, but this isn't what I ordered. I ordered cheesecake.

（すみません、これは私が注文したものではありません。チーズケーキを注文しました。）

I apologize for the mistake. I'll bring your cheesecake right away.

（間違いをお詫びします。すぐにご注文のチーズケーキをお持ちします。）

Here's your cheesecake. I'm sorry for the mix-up. Do you need anything else?

（チーズケーキをお持ちしました。手違いをいたしまして申し訳ありませんでした。他に何か必要なものはございますか？）

No, that's all. Thank you.

（いいえ、これで全てです。ありがとうございます。）

Words and Phrases

- [ ] **order** 動 ～を注文する
- [ ] **cheesecake** 名 チーズケーキ
- [ ] **apologize for ～** ～に対して謝罪する
- [ ] **right away** すぐに、直ちに
- [ ] **Here's ～.** こちらが～です。
- [ ] **mix-up** 名 混同、手違い
- [ ] **anything else** 他の何か

what ＋主語＋動詞

〈what ＋主語＋動詞〉で「～なもの、こと」という名詞節を作ります。
応用して使ってみましょう。

① This is exactly **what I wanted**!
（これはまさに欲しかったものだよ！）

② Is this **what you want**?
（これがあなたの望むことなの？）

③ This is not **what I expected**.
（これは期待していたのと違います。）
※expect：～を予期する、～を期待する

④ That's not **what I meant**.
（それは私の意図したことではないです。／そんなつもりで言ったんじゃないよ。）
※meant：mean（～を意味する）の過去形

⑤ I know **what you mean**.
（あなたの言いたいこと、わかるよ。）

💡 単語・フレーズ解説

✦ I'll bring ～ right away.

I'll bring ～.で「～をお持ちします。」という意味です。right away
は「すぐに、直ちに」で、immediately と言うこともあります。

✦ I'm sorry for ～.

「～に対して申し訳ありません。」というときの前置詞は for で、
後ろには名詞か動名詞が続きます。I apologize for ～.（～に対
して謝罪します。）、Thank you for ～.（～してくれてありがと
う。）の場合も同じです。

例 I'm sorry [I apologize] for the inconvenience.
（ご不便をおかけして申し訳ありません。）

例 Thank you for your kindness.
（ご親切にありがとう。）

Scene 37

料理の感想を伝えたい

look forward to ～ / …ing（～ / …するのが楽しみです）

料理もサービスも素晴らしかったので感想を伝えます。

Track 077

Everything was delicious, and the service was excellent.

（全てがおいしくて、サービスも素晴らしかったです。）

Thank you for your kind words! We're glad you enjoyed dining here.

（嬉しいお言葉をありがとうございます！ 当店でのお食事をお楽しみいただけてよかったです。）

I'll definitely come again!

（また必ず来ます！）

That's wonderful to hear! We look forward to serving you again in the future.

（そう言っていただけると嬉しいです！またのご利用を心よりお待ちしています。）

Words and Phrases

- [ ] **service** 名 サービス　動 **serve**（～に給仕する）の名詞形
- [ ] **excellent** 形 素晴らしい、優れた
- [ ] **enjoy …ing** …するのを楽しむ
- [ ] **dine** 動 食事をする
- [ ] **definitely** 副 確かに、間違いなく　　[ ] **in the future** 将来、この先

look forward to ～ / ...ing

「～を楽しみに待つ」という意味の定番フレーズです。**to** は不定詞ではなく「～の方へ向かって」という意味の前置詞なので、後ろには名詞か動名詞が続きます。現在進行形 **I'm looking forward to** は現在形よりもカジュアルなニュアンスで使われることが多いです。

① **I'm looking forward to** the weekend.（週末が楽しみ。）

② **I'm looking forward to** see**ing** you.
（お会いできるのを楽しみにしています。）

③ **I'm looking forward to** summer vacation.（夏休みが楽しみです。）

④ **I look forward to** our next meeting.
（次回のミーティングを楽しみにしています。）

⑤ **I look forward to** hear**ing** from you.（お返事をお待ちしています。）

💡 単語・フレーズ解説

✦ enjoyed dining

enjoy は「～を楽しむ」。後ろには名詞か動名詞が続きます。

例 I **enjoyed the meal.**（食事を楽しみました。）

例 I **enjoyed talking** with you.
（あなたとお話しできて楽しかったです。）

✦ That's wonderful to hear!

I'm glad to hear that. という言い方もできますが、ここでは相手の発言内容（That）を主語にしています。That's [That is] ＋形容詞＋ to hear で、「それは聞いて～だ」という意味です。

例 **That's encouraging to hear. = I'm encouraged to hear that.**
（それを聞いて勇気づけられました。）

encouraging は「勇気づける」、encouraged は「勇気づけられた」という意味です。「-ing ＝…させる」と「-ed ＝…されて」のどちらを使うかは主語によって使い分けましょう。

▶解答 222〜223 ページ

1　聞き取りにチャレンジ！

次の会話文を聞き取り、空欄に入る単語を記入しましょう。

Q 01
A : I'm sorry, but we're fully booked right now.
B : How long is the ＿＿＿＿＿?
　　◈ヒント 「待ち時間」という意味の名詞（Scene 30）

Q 02
A : Everything was delicious, and the service was excellent.
B : Thank you for your ＿＿＿＿＿＿＿＿!
　　◈ヒント 「優しいお言葉」（複数形）（Scene 37）

Q 03
A : Is the barbecue chicken served with any sides?
B : Yes, it ＿＿＿＿＿＿＿ two sides – mashed potatoes and a salad.
　　◈ヒント 「〜が一緒にくる、〜が付いている」（Scene 33）

Q 04
A : I'm afraid this isn't ＿＿＿＿＿＿＿＿＿＿.
　　I ordered cheesecake.
B : I'm sorry for the mix-up.
　　◈ヒント 「私が注文したもの」（Scene 36）

Q 05
A : Anything else?
B : No, that will be all ＿＿＿＿＿＿＿.
　　◈ヒント 「今のところは」（Scene 34）

Q 06
A : Are you ready to order?
B : No, I ＿＿＿＿＿＿＿＿ yet.
　　◈ヒント 「まだ決めていません」。現在完了の文（Scene 31）

Q 07
A : Is the tomato pasta spicy?
B : Yes, but we can prepare it ＿＿＿＿＿ chili peppers.
　　◈ヒント 「〜抜きで」（Scene 32）

2 キーフレーズ穴埋めクイズ

空欄に入る単語を記入し、キーフレーズを完成させましょう。

Q01
お薦めのダイエットアプリは？

What diet apps do you　　　　?

◈ヒント 「薦める」という意味の動詞（Scene 31）

Q02
コーヒーは濃いですか？

Is the coffee　　　　?

◈ヒント 反対語は weak（Scene 32）

Q03
テストの所要時間を知ってる？

Do you know how long the　　　　　　take?

◈ヒント how long ＋主語＋動詞で「〜がどれくらいかかるか」（Scene 35）

Q04
私のプレゼンテーションの重要な点は 3 つあります。

**　　　　　three key points in my presentation.**

◈ヒント 「〜がある」というフレーズ（Scene 29）

Q05
フライドポテトは付いていますか？

Is it　　　　with French fries?

◈ヒント 「（料理を）出す」という動詞の過去分詞（Scene 33）

Q06
とりあえずサラダをいただきます。

**　　　　have a salad for now.**

◈ヒント 今決めたことを伝える（Scene 34）

Q07
夏休みが楽しみです。

I'm　　　　　　　summer vacation.

◈ヒント look で始まる定番フレーズ（Scene 37）

Q08
そんなつもりで言ったんじゃないよ。

That's not　　　　　　.

◈ヒント 「私が意図したこと」（Scene 36）

103

Step 5

自分の日常にまつわる 語彙を増やす

「TOEIC の点数はいいのに英会話が苦手なんです」という人がときどきいます。そういう人は、英文法知識は十分、英単語も文化、科学、社会、医療、環境などなど幅広いジャンルをカバーしているけれど、自分の日常にまつわる語彙が足りないのではないでしょうか。逆に試験の点数はそれほどでなくても、イキイキと英会話を楽しむ人もいます。そんな人は積極的に英語でアウトプットする機会を持ち、日頃から**「これは英語で何て言うんだろう？」**と考えることが習慣になっているようです。

私自身も、「TOEIC は A ランクなのにネイティブの同僚と雑談ができない」という時期がありました。今でもよく覚えているのですが、「週末は何をしてた？」と聞かれて「飲み会があった」と言おうとしたものの、「飲み会」を英語で何と言えばいいのかわからないし言い換えも思いつかず、そこで会話が止まってしまったことがありました。ネイティブの友達ができて恋愛相談をされたときも、「付き合う」「別れる」「よりを戻す」といった日常の語彙がまったくないことを痛感しました。

以来、私は **「日常にまつわる語彙」** を増やすことを意識しています。通勤中に「"電車が満員で駅員さんに押し込んでもらった"って何て言うんだろう？」と考えたり、育児中に「"魔の2歳児"って英語にもあるのかな？」と考えたり。そしてなるべくその場ですぐに調べます。「英辞郎 on the WEB (https://eow.alc.co.jp/)」はあらゆるフレーズが網羅されているので一番のお気に入り。スマホやタブレットのホーム画面からすぐにアクセスできるようにしています（私は有料版 Pro を使っていますが、無料版でも十分です）。

今は AI 翻訳や ChatGPT もあるのでさらに便利ですね。日常の行動や思ったことをどんどん英語化してみましょう。

Chapter 6

買い物・注文

Scene
38

試着した服が
大きすぎたら

Do you have it in 〜? (これの〜はありますか?)

試着したら大きすぎたので、小さいサイズがあるかを聞いてみます。

Track 080

May I help you?

(何かお探しですか?)

Yes, may I try this on?

(はい、これを試着してもいいですか?)

Sure! The fitting room is over there.
⟨*a few minutes later*⟩
Is everything OK?

(もちろんです!試着室はあちらです。
⟨数分後⟩いかがですか?)

Um, it's a bit too big for me. Do you have it in a smaller size?

(うーん、私にはちょっと大きすぎます。これの小さいサイズ
はありますか?)

Words and Phrases

☐ **May I ...?** …してもよろしいですか?
☐ **try on** 〜を試着する ☐ **fitting room** 名 試着室
☐ **over there** 向こうに ☐ **a bit** 少し、ちょっと
☐ **too** 副 〜すぎる
☐ **smaller** 形 より小さい、small(小さい)の比較級

Do you have it [this, these] in 〜?

Do you have it [this] in 〜? で「これの〜はありますか？」という意味です。**shoes**（靴）や **pants**（パンツ、ズボン）など複数形の場合は **these** を使いましょう。

① **Do you have this in** different colors?
（これの色違いはありますか？）

② **Do you have this in** black?（これの黒はありますか？）

③ **Do you have this in** a larger size?
（これの大きいサイズはありますか？）

④ **Do you have these shoes in** a size 6?（この靴のサイズ6はありますか？）
　※アメリカのレディース靴でのサイズ6は23センチに該当。サイズの表し方は国によって違うので換算表で確認しましょう

⑤ **Do you have this shirt in** an extra-large?
（このシャツのXLサイズはありますか？）

💡 単語・フレーズ解説

+ **try this on**

  try on は「〜を試着する」です。「このドレスを試着してもいいですか？」と聞く場合、語順は May I <u>try</u> this dress <u>on</u>? または May I <u>try on</u> this dress? ですが、代名詞 it / this / that やそれらの複数形を目的格で使うときは「<u>try</u> this <u>on</u>」などと間に挟むのが一般的です。

+ **a bit too big for me**

  too ＋形容詞＋ for [人] で「[人] には〜すぎる」、a bit 〜は「少し〜」という意味です。

  例 **This movie may be <u>too difficult for</u> children.**
  （この映画は子どもには難しすぎるかもしれないです。）

  例 **This curry is <u>a bit too hot for</u> me.**
  （このカレーは私にはちょっと辛すぎます。）

Scene 39　お直しをお願いしたい

Do you do 〜?（〜をしますか？）

スカートのサイズが大きすぎるので、お直しを依頼します。

Here is the smaller one. How does it fit you?

（こちらがより小さいものです。着心地はいかがですか？）

It's still a bit loose around my waist and too long. Do you do alterations?

（まだ腰回りが少し緩くて、丈も長すぎます。お直しはできますか？）

Yes, we do offer alterations. I'll be happy to take your measurements and have it altered to fit you perfectly.

（はい、お直しを承っております。採寸して、お客様にぴったり合うように直します。）

Great!

（よかったです！）

Words and Phrases

- [ ] **fit** 動 〜に合う、〜にフィットする
- [ ] **a bit** 少し、ちょっと
- [ ] **loose** 形 緩い⇔ tight（きつい）
- [ ] **waist** 名 ウエスト、腰のくびれ
- [ ] **alteration** 名 修正、寸法直し
- [ ] **do offer** この do は直後の動詞 offer を強調
- [ ] **take one's measurements** 〜のサイズを測る

Do you do ～?

Do you do ～? で「～をしますか？」という意味です。「寸法直しをする」は **do alterations** と言います。

① **Do you do** repairs on products purchased here?
　（こちらで購入した商品の修理はしてもらえますか？）
　※repair：修理、purchase：～を購入する

② **Do you do** gift wrapping?
　（ギフト包装はしてもらえますか？）

③ **Do you do** international shipping?（海外発送はしてもらえますか？）
　※shipping：発送

④ **Do you do** catering for events?
　（イベントのケータリングはしていますか？）

⑤ **Do you do** guided tours of this museum?
　（この美術館のガイドツアーはありますか？）

💡 単語・フレーズ解説

✦ I'll be happy to ...

I'll be happy to ... は「喜んで…します」という意味のフレーズです。

　例 **If you'd like a tour of this facility, I'll be happy to show you around.**
　（もしこの施設の見学をご希望でしたら、喜んでご案内しますよ。）
　※facility：施設

✦ have it altered

have ＋[物] ＋過去分詞で、「[物]を…してもらう」という意味です。

　例 **I'll have my watch fixed.**（腕時計を直してもらうよ。）
　例 **I had my hair cut yesterday.**（昨日髪を切ってもらったんだ。）
　※cut（～を切る）は過去形も過去分詞も同じ形

Scene 40 お直しの料金と時間を聞きたい

I'd like to have 〜 by [期限]. （［期限］までに〜がほしいです。）

お直しにかかる料金と期間を尋ねます。

 Track 084

> **How much will it cost, and how long will it take?**

（料金と期間はどのくらいかかりますか？）

> **The cost varies by adjustment. Alterations usually take two to three business days.**

（料金は調整の内容によって異なります。お直しは通常、2〜3営業日かかります。）

> **Good. I'm returning to Japan next Monday, so I'd like to have it by then.**

（わかりました。来週の月曜日に日本へ帰国するので、それまでにお願いしたいのですが。）

> **Noted. We'll make sure it's ready by Sunday.**

（承知しました。日曜日までにご用意できるようにします。）

Words and Phrases

- [ ] **vary by 〜** 〜によって異なる
- [ ] **adjustment** 名 調整
- [ ] **alteration** 名 修正、寸法直し
- [ ] **usually** 副 たいてい、通常
- [ ] **business day** 名 営業日
- [ ] **return to 〜** 〜に帰る
- [ ] **Noted.** 承知しました。了解しました。
- [ ] **make sure 〜** 〜だと確認する、確実に〜する

I'd like to have 〜 by［期限］.

I'd like to have 〜は「〜をお願いしたい、〜を持ちたい」という意味で、ここでの **by** ○○は「○○までに」という期限を表しています。「○○までに〜がほしいのですが」と期限付きで依頼するときに便利な表現です。

① **I'd like to have** the report **by** tomorrow.
（明日までに報告書をいただきたいのですが。）

② **I'd like to have** the feedback **by** the end of this week.
（今週末までにフィードバックをいただきたいです。）

③ **I'd like to have** the RSVPs **by** the end of this month.
（今月末までに出欠の返事をいただきたいです。）
※RSVP：招待状への返事（フランス語 repondez s'il vous plait に由来）

④ **I'd like to have** your presentation slides **by** noon, if possible.
（できれば正午までにプレゼンのスライドをいただきたいのですが。）
※if possible：できれば

 単語・フレーズ解説

✦ **I'm returning to 〜 next Monday.**

現在進行形なので「私は〜に戻っているところです」という意味かと思いきや、後ろに next Monday（来週月曜日に）という未来を表す語句が付いていますね。既に決まっている予定は be going to ... だけでなく、現在進行形で表すこともあります。
例 I'm leaving for Japan tomorrow.
（明日日本へ発ちます。）

✦ **make sure**

We'll make sure (that) it's ready by Sunday. とは、it's ready by Sunday（＝それが日曜日までに準備できている）ことを「make sure（確実にする）」という意味です。
例 I'll make sure everything is ready for the meeting by noon.
（正午までにミーティングの準備が全て整うようにします。）

6 買い物・注文

海外編

Scene 41 お直しされた服を取りに行ったら

Would you like to ... / Would you like ～?（…したい/がほしいですか？）

今日は仕上がり予定日。
直してもらった服をお店に取りに行きます。

Track 086

**I'm here to pick up my altered skirt.
My name is Hanako Suzuki.**

（お直ししてもらったスカートを取りに来ました。鈴木花子です。）

**We were expecting you. Would you
like to try it on?**

（お待ちしておりました。試着なさいますか？）

Yes, please.

（はい、お願いします。）

How does it fit you this time?

（今回の着心地はいかがですか？）

Words and Phrases

- [ ] **I'm here to ....** …しに来ました。
- [ ] **pick up** ～を引き取る
- [ ] **altered** 形 変更された
- [ ] **expect** 動 ～を予期する、～を予期して待つ
- [ ] **try on** ～を試着する
- [ ] **fit** 動 ～に合う、～にフィットする

Would you like to ... / Would you like 〜 ?

would like は want より丁寧な表現です。**Would you like to ＋動詞 ?** で「…したいですか？」、**Would you like ＋名詞 ?** で「〜はいかがですか？／〜をご希望ですか？」という意味になります。

① **Would you like to** join us?
（ご一緒しませんか？）

② **Would you like to** try some local food?
（地元の料理を食べてみませんか？）
※ local：地元の

③ **Would you like to** leave a message?
（伝言を残されますか？／伝言を承りましょうか？）

④ **Would you like** a cup of coffee?
（コーヒーはいかがですか？）

⑤ **Would you like** a tour of the company?
（会社を見学なさいますか？）

 単語・フレーズ解説

✦ <u>We were expecting you.</u>

expect は「予期する」のほか、「予期して（来ることがわかっている人を）待つ」という意味があります。We were [I was] expecting you. は日本語の「お待ちしておりました。」にぴったり。We've been expecting you. と現在完了進行形で言うこともあります。wait for 〜は「時間を費やして〜を待つ」というニュアンスなので、約束通りに会えた相手には expect を使うのが無難です。

✦ <u>How does it fit you?</u>

How 〜 ?（どのように〜？）は相手の感想を聞くときにも便利な表現です。

　　例 <u>How</u> do you like it? （いかがですか？／気に入りましたか？）
　　例 <u>How</u> does it taste? （味はどうですか？）

Scene 42 クレジットカードで払いたい

Do you accept 〜?（〜は使えますか？）

クレジットカードで支払いができるかを尋ねます。

Track 088

> **It fits me perfectly!**

（ぴったりです！）

> **That's great to hear. You look fantastic in it!**

（それはよかったです。とてもよくお似合いですよ！）

> **Thank you! Do you accept credit cards?**

（ありがとうございます！クレジットカードは使えますか？）

> **Certainly. We accept VISA, Mastercard and American Express.**

（もちろんです。当店では VISA、マスターカード、アメリカン・エキスプレスをご利用いただけます。）

Words and Phrases

- ☐ **fit** 動 〜に合う、〜にフィットする
- ☐ **perfectly** 副 完璧に
- ☐ **great** 形 素晴らしい
- ☐ **fantastic** 形 とても素晴らしい
- ☐ **accept** 動 （クレジットカード・小切手などによる支払いを）受け入れる
- ☐ **Certainly.** かしこまりました。もちろんです。

Key Phrase

Do you accept 〜?

accept は「〜を受け入れる、〜を引き受ける」なので、**Do you accept 〜?** で「〜を受け入れていますか？＝〜は使えますか？」と言う意味になります。買い物や旅行で使えるフレーズです。

① **Do you accept** JCB?（JCBは使えますか？）

② **Do you accept** Japanese yen?（日本円は使えますか？）

③ **Do you accept** reservations?（予約は受け付けていますか？）

④ **Do you accept** payment in installments?（分割払いはできますか？）
　※installment：分割払いの1回分

⑤ **Do you accept** walk-ins?（予約なしで利用できますか？）
　※walk-in：予約なしの客

単語・フレーズ解説

✦ That's great to hear.

Scene 37でも解説しましたが、That's [That is]＋形容詞＋to hear.（それは聞いて〜だ。）の That は相手が話した内容を指します。to hear は省略することもあります。また、人を主語にして次のように言うこともできます。

例 **I'm glad to hear that.**
（それを聞いて嬉しいです。）

✦ You look fantastic.

look には「見る」だけでなく「〜のように見える」という意味もあります。You look fantastic で「あなたは素晴らしく見える」、in it で「it（その服）を着ていると」ということです。

例 **You look elegant in that dress.**
（そのドレスを着ているとエレガントだね。）

例 **You look intellectual in those glasses.**
（その眼鏡をかけていると知的に見えるよ。）

6
買い物・注文

115

Scene 43 ハンバーガーショップで注文する

Can I get 〜?（〜をもらえますか？）

ハンバーガーのファストフード店で注文します。

Track 090

Can I get a medium cheeseburger meal with iced tea?

（チーズバーガー M サイズのセットをアイスティー付きでもらえますか？）

For here or to go?

（こちらで召し上がりますか、それともお持ち帰りですか？）

For here, please.

（こちらでお願いします。）

All right. That's going to be $8.85.

（承知しました。お会計は 8.85 ドルです。）

Words and Phrases

- [ ] **medium** 形 Mサイズの　☞ S/M/L はそれぞれ small/medium/large
- [ ] **cheeseburger** 名 チーズバーガー
- [ ] **meal** 名 食事、セットメニュー　☞「セット」は和製英語
- [ ] **iced tea** アイスティー　☞ ice tea より一般的な言い方
- [ ] **to go** 持ち帰り用の　　　　　[ ] **going to be 〜** 〜になる

Can I get 〜 ?

ファストフード店のようなカジュアルな店では、**Can I get 〜 ?** や **Can I have 〜 ?**（〜をもらえますか？）というフレーズがよく使われます。高級レストランでは **Could I have 〜 ?** や **I'll have 〜** などが一般的です。

① **Can I get** a large coke and medium French fries?
（コーラのLとフライドポテトのMをもらえますか？）

② **Can I get** a small lemonade and a four-piece chicken nuggets?
（レモネードのSとチキンナゲット4ピースをもらえますか？）

③ **Can I get** a hamburger meal with apple juice?
（ハンバーガーセットのアップルジュース付きをもらえますか？）

④ **Can I get** a teriyaki burger and a small iced tea to go?
（てりやきバーガーとアイスティーのSを持ち帰り用でもらえますか？）

💡 単語・フレーズ解説

✦ For here or to go?

(Is that) for here to go? の主語と動詞が省略された形で、「ここでお召し上がりですか、それともお持ち帰りですか？」という定番表現です。イギリス英語では（Is that to）eat in or take away? という言い方が一般的です。

✦ going to be 〜

人ではなく物事を主語にして○○ is [are] going to be 〜と言うと、「○○は〜になるはずだ、○○は〜になりそうだ」という意味になります。

例 **The picnic is going to be** a lot of fun.
（ピクニックはとても楽しいものになるよ。）

例 **Tomorrow is going to be** a hectic day.
（明日は慌ただしい1日になりそうだ。）
※hectic：大忙しの

Scene 44

コーヒーショップで注文する

with 〜 / without 〜（〜と一緒に / 〜なしで）

コーヒーショップにて飲み物を注文。
氷少なめをリクエストします。

Track 092

Hello! <u>What would you like</u> today?

（こんにちは！ 今日は何になさいますか？）

Can I have a tall, iced vanilla latte with less ice?

（アイスのバニララテのトールサイズを、氷少なめでお願いできますか？）

Sure! <u>Anything else you'd like</u> with that?

（かしこまりました！ 他には何かございますか？）

That's all. Thank you.

（以上です。ありがとう。）

Words and Phrases

- [ ] **would like** 〜がほしい 📖 **want** よりも丁寧な言い方
- [ ] **tall** 形 背の高い、トールサイズの
- [ ] **iced** 形 氷で冷やした
- [ ] **Sure.** いいですよ。かしこまりました。
- [ ] **anything else** 他の何か

with less / extra 〜 / without 〜

トッピングや調味料を少なめにしてほしいときは **less**（より少ない）、多めにしてほしいときは **extra**（追加の、多めの）で伝えることができます。「〜抜きで」は **with no** 〜または **without** 〜 で表現します。

① Can I have a tall matcha Frappuccino **with extra matcha powder**?
（抹茶フラペチーノのトールサイズを抹茶パウダー多めでもらえますか？）

② Can I have a small caramel latte **without whipped cream**?
（キャラメルラテのSをホイップクリームなしでもらえますか？）

③ Can I have a tuna sandwich **with extra pickles**?
（ツナサンドイッチをピクルス多めでもらえますか？）

④ Can I have a BLT sandwich **with less mayo**?
（BLTサンドイッチをマヨネーズ少なめでもらえますか？）

⑤ Can I have a caramel latte **with less syrup**?
（キャラメルラテをシロップ少なめでもらえますか？）

単語・フレーズ解説

✦ What would you like?

What do you want? の丁寧な言い方で「何になさいますか？／何をご希望ですか？」という意味です。

例 **What would you like** for dessert?
（デザートは何になさいますか？）

✦ Anything else you'd like 〜 ?

anything else (that) you'd like の関係代名詞thatが省略された形で「あなたがほしい他の何か」という意味です。関係代名詞の目的格（目的語の役割をする）は省略されることが多いです。

例 Is there **anything** (that) you'd like to try?
（何か食べてみたいもの [やってみたいこと] はありますか？）

例 Is there **anything** (that) you can't eat?
（何か食べられないものはありますか？）

1 聞き取りにチャレンジ！

次の会話文を聞き取り、空欄に入る単語を記入しましょう。

Q 01
A : It fits me perfectly!
B : That's ___ to hear. You look fantastic in it!

✎ヒント 「素晴らしい」という意味の形容詞（Scene 42）

Q 02
A : What ___ today?
B : Can I have a tall, iced vanilla latte?

✎ヒント do you want を丁寧に言うと？（Scene 44）

Q 03
A : How much will it ___ ?
B : The cost varies by adjustment.

✎ヒント 「(費用が)かかる」という意味の動詞（Scene 40）

Q 04
A : I'm here to pick up my altered skirt.
B : We were ___ you.

✎ヒント 「〜を予期して待つ」という意味の動詞（Scene 41）

Q 05
A : May I help you?
B : Yes, may I ___ this ___ ?

✎ヒント 「試着する」（Scene 38）

Q 06
A : ___ or to go?
B : To go, please.

✎ヒント 「ここで(食べる)」（Scene 43）

Q 07
A : ___ does it ___ you?
B : It's still a bit loose around my waist and too long.

✎ヒント 「どのように」「〜に合う」（Scene 39）

2 キーフレーズ穴埋めクイズ

空欄に入る単語を記入し、キーフレーズを完成させましょう。

Q 01
日本円は使えますか？
Do you _____ Japanese yen?

❖ヒント 「受け入れる」という意味の動詞（Scene 42）

Q 02
明日までに報告書をいただきたいのですが。
I'd like to have the report _____.

❖ヒント 期限を表す前置詞は？（Scene 40）

Q 03
これの黒はありますか？
Do you have this _____?

❖ヒント 「黒で」（Scene 38）

Q 04
コーヒーはいかがですか？
_____ a cup of coffee?

❖ヒント Do you want を丁寧に言うと？（Scene 41）

Q 05
ギフト包装はしてもらえますか？
_____ gift wrapping?

❖ヒント 直訳「〜をしますか？」（Scene 39）

Q 06
ツナサンドイッチをピクルス多めでもらえますか？
Can I have a tuna sandwich _____ pickles?

❖ヒント 直訳「余分な〜と一緒に」（Scene 44）

Q 07
てりやきバーガーとアイスティーのSを持ち帰り用でもらえますか？
_____ get a teriyaki burger and a small iced tea to go?

❖ヒント 「…できますか？」Could よりカジュアル（Scene 43）

Q 08
地元の料理を食べてみませんか？
Would you like _____ some local food?

❖ヒント 「試してみる」（Scene 41）

Step ⑥

英作文ならぬ "英借文" とは？

ライティングの練習をしようと思っても、いきなりゼロから英文を作るのはハードルが高いのではないでしょうか。ライティング初心者の人は、まずは「お手本を写す」のがお勧めです。次に、単語やフレーズを自分の状況に合うように**一部入れ替えてカスタマイズ**しましょう。私はこれを"英借文"と呼んでいます。

〈お手本例〉

　I enjoy going to the park on weekends.

　（週末は公園に行くのが好きです。）

〈英借文例〉

　I enjoy going to <u>the mall</u> on weekends.

　（週末はショッピングモールに行くのが好きです。）

この他に、It is ＋形容詞＋ for me to …. （私にとって…することは〜です。）も使い勝手のいいフレーズで、ポジティブな文もネガティブな文もいくらでも作れます。本書の Key Phrase も英借文にぴったりなので、ぜひ単語を入れ替えてオリジナルの文を作ってみてくださいね。

本や参考書の例文だけでなく、**映画やドラマのセリフでも英借文ができます**。例えば、私は以前に「ブラス！」という映画の "It's the music that matters."（重要なのは音楽だ。）というセリフがカッコいいと思い、the music の部分を入れ替えて英借文しました。

☆ **It's 〜 that matters.**（重要なのは〜だ。）

　※〜 matters.（〜は重要だ。）を強調した文。

　experience（経験）、money（お金）、passion（情熱）、family（家族）、friendship（友情）、love（愛）、time（時間）、health（健康）、process（過程）

みなさんならどんな単語を入れますか？

Chapter 7

落とし物・道案内

Scene 45 落とし物を拾ったら

Have a great [good] day!（よい1日を！）

前を歩いている人がハンカチを落としたので、拾ってあげました。

Excuse me. Did you drop this handkerchief?

（すみません。このハンカチを落とされましたか？）

Oh, yes! Thank you so much. I didn't even realize I'd dropped it.

（あ、はい！ありがとうございます。落としたことにさえ気づきませんでした。）

You're welcome. I'm glad I could help.

（どういたしまして。お役に立ててよかったです。）

Thank you again. Have a great day!

（改めてありがとう。よい1日を！）

Words and Phrases

☐ **drop** 動 ～を落とす   ☐ **handkerchief** 名 ハンカチ

☐ **even** 副 ～さえ   ☐ **realize** 動 ～に気づく

☐ **Thank you again.** 重ねてお礼申し上げます。

☐ **great** 形 素晴らしい

Have a 形容詞＋名詞！

Track
096

Have a great [good] day!（よい1日を！）は定番フレーズです。このように言われたら、**Thank you. You too!**（ありがとう。あなたも！）と返しましょう。その他の類似フレーズを紹介します。

① **Have a** great weekend!（よい週末を！）

② **Have a** lovely three-day weekend!（素敵な三連休を！）
   ※three-day weekend：三連休の週末

③ **Have a** safe trip!（安全な旅を！）

④ **Have a** wonderful birthday!（素敵な誕生日を！）

⑤ **Have a** good rest of your day!（残りもいい1日でありますように！）
   ※rest of ～：～の残り

💡 単語・フレーズ解説

✦ even

「～さえ、～でも」という意味の副詞で、後ろの語句を強調します。

   例 **Even elementary school children know that.**
   （そんなことは小学生でも知っているよ。）

   例 **Don't even think about it.**
   （そんなこと考えもしないで。）

   例 **The city is beautiful even in the rain.**
   （その街は雨のときでさえ美しいです。）

✦ I'd dropped it.

I'd [I had] dropped it（それを落とした）のは、I didn't realize（気づかなかった）という過去の一時点よりさらに前なので、〈had＋過去分詞〉で表します。

   例 **The meeting had already begun when I arrived.**
   （私が着いたとき、会議は既に始まっていました。）

   例 **I lost the scarf that my mother had knitted for me.**
   （母が編んでくれたマフラーをなくしてしまいました。）

Scene 46

最寄り駅への行き方を聞かれたら

Could you tell me how to …?（…の仕方を教えていただけますか？）

道を聞かれたので、2ブロック先の向かい側にあることを伝えます。

Track 097

Excuse me. Could you tell me how to get to the nearest subway station?

（すみません。最寄りの地下鉄駅までの行き方を教えていただけますか？）

Sure! Go straight down this street for two blocks.

（いいですよ！この通りを2ブロックまっすぐ行ってください。）

Uh-huh.

（はい。）

At the end of the second block, you'll see the subway station entrance across the street.

（2つ目のブロックの終わりで、通りの向かい側に地下鉄駅の入り口が見えます。）

Words and Phrases

- [ ] **get to ~** ～に到着する
- [ ] **nearest** 形 最寄りの、near（近い）の最上級
- [ ] **subway** 名 地下鉄　英 イギリスでは **underground** または **tube**
- [ ] **go straight down** 直進する　[ ] **Uh-huh.** うん。はい。
- [ ] **end** 名 端、終わり　[ ] **entrance** 名 入口

Could you tell me how to ... ?

Track
098

Could you tell me 〜（教えていただけますか）と how to get to 〜（〜
への行き方）を組み合わせた文。How can I get to 〜?（〜へはどうや
って行けますか？）より丁寧な言い方です。how to ... 以下を入れ替え
て応用してみましょう。

① **Could you tell me how to** get to Central Park?
（セントラルパークへの行き方を教えていただけますか？）

② **Could you tell me how to** use this?
（これの使い方を教えていただけますか？）

③ **Could you tell me how to** connect to the Wi-Fi?
（Wi-Fiへのつなぎ方を教えていただけますか？）

④ **Could you tell me how to** pronounce this word?
（この単語の発音を教えていただけますか？）

⑤ **Could you tell me how to** make this dish?
（この料理の作り方を教えていただけますか？）

単語・フレーズ解説

✦ Go straight（down this street）for two blocks.

for ＋数字＋ block(s) で「○ブロック分」という意味です。until
you see 〜「〜が見えるまで」も一緒に覚えておきましょう。通常、
相手と同じ通りにいるときに言うフレーズなので、down this
street は省略することもあります。

例 **Go straight for two blocks** until you see the park.

✦ across

across は「〜を横切って、〜の向こう側に」という意味です。
cross（十字、クロス）という単語が入っているので、十字のイ
メージで覚えましょう。

例 **across** the street（通りの向こう側に）

例 **across** the table（テーブルを挟んで向かいに）

例 **across** the aisle（通路を挟んで向こう側に）

目的地への道順と所要時間を伝える

Scene 47

It's(about)a 所要時間＋移動手段。

ショッピングモールへの行き方を聞かれたので、
道順と所要時間を伝えます。

Track 099

Excuse me. Could you tell me how to get to the KLM Mall?

（すみません。KLMモールへの行き方を教えていただけますか？）

Sure! Go straight until you see the post office, <u>cross the street</u>, <u>turn right</u> just after that, and it's one block away.

（いいですよ！ 郵便局が見えるまでまっすぐ行って、通りを
渡ってすぐ右に曲がると、1ブロック先にあります。）

Thank you! Is it far from here?

（ありがとうございます！ここから遠いですか？）

No, it's about a 10-minute walk from here.

（いいえ、ここから歩いて10分くらいです。）

Words and Phrases

- [ ] **how to get to ～** ～への行き方
- [ ] **mall** 名 ショッピングモール
- [ ] **just after that** その直後に
- [ ] **far** 形 遠い
- [ ] **until** 接 ～するまで
- [ ] **away** 副 離れて、あちらへ

Key Phrase

It's（about）a 所要時間＋移動手段.

ここでの **10-minute** はハイフンでつながれ、形容詞の役割をします。その場合、**minutes** と複数形にならない点に注意しましょう。**a 10-minute walk** は直訳すると「10分の徒歩」になります（**walk** は名詞）。**from ～** は「～から」、**to ～** は「～まで」です。

① **It's about a three-minute walk** from the station.
（駅から徒歩約3分です。）

② **It's a 10-minute bus ride.**（バスで10分です。）
※ride 名：乗車

③ **It's about a five-minute drive** from the airport.
（空港から車で約5分です。）

④ **It's a 15-minute boat ride** to the island.（島までは船で15分です。）

⑤ **It's about a 25-minute train ride** to Shibuya.
（渋谷まで電車で約 25 分です。）

 単語・フレーズ解説

✦ cross the street

cross は名詞で「十字架、十字形」、動詞で「～を横断する、～を渡る」という意味です。

例 **Cross** that footbridge and the museum is right there.
（あの歩道橋を渡ればすぐそこに美術館があります。）

例 **Cross** that bridge when you come to it.
（直訳：橋のところに来てから橋を渡りなさい。）
※「取り越し苦労をしないで問題が起こってから考えればいい」という意味で使われる表現

✦ turn right

turn right（右に曲がる）、turn left（左に曲がる）と言うほか、make a right（turn）、make a left（turn）と言うこともあります。

例 **Turn right［make a right］** at the next intersection.
（次の交差点で右へ曲がってください。）　※intersection：交差点

Scene
48

地図を見せながら
道順を伝える

Let me show you 〜。(〜をお見せしましょう。)

ショッピングモールへの行き方を、地図を見せながら伝えます。

Track 101

Let me show you on the map. We're here, and the mall is here.

（地図でお見せしましょう。私たちは今ここで、ショッピングモールはここです。）

Oh, that's helpful! Any landmarks along the way?

（ああ、それは助かります！ 途中で何か目印は？）

Yes, go straight down this street and past the clock tower on your right.

（はい、この通りをまっすぐ行って、右手の時計台を通り過ぎてください。）

Got it. Then I'll see a post office on my right?

（わかりました。そうすると右手に郵便局が見えるんですね？）

Words and Phrases

- [ ] **on the map** 地図上で
- [ ] **helpful** 形 役立つ、有益な
- [ ] **landmark** 名 (場所を見つけるための)目印
- [ ] **along the way** 道中で
- [ ] **clock tower** 名 時計台
- [ ] **Got it.** 了解。わかりました。

Key Phrase

Let me show you 〜.

Track 102

tell は言葉で説明して伝える、**show** は実際に見せて伝えるときの表現です。**Let me show you 〜.** で「〜をお見せしましょう。」という意味になります。

① **Let me show you** the way to the bus stop.
（バス停までの道を教えましょう。）
※指をさしたり、実際に連れて行って教えるときはshowを使う

② **Let me show you** the subway map.
（地下鉄の路線図をお見せしますね。）

③ **Let me show you** some photos.
（写真を何枚か見せるね。）

④ **Let me show you** how to use the app.
（そのアプリの使い方を見せるね。）
※app：アプリ、application の略

⑤ **Let me show you** the latest sales figures.
（最新の売上高をご覧に入れましょう。）
※figure：数字

 単語・フレーズ解説

✦ past

past は「〜を通り過ぎて」という意味で、道順だけでなく時間を表すときにも使います。
　例 **Go past three traffic lights.**（信号を3つ通り過ぎてください。）
　例 **It's ten past seven.**（7時10分です。）

✦ on one's right / left

「右手に / 左手に」という意味です。
　例 **After passing the coffee shop, you'll see the library on your right / left.**
（コーヒーショップを過ぎると、右手に / 左手に図書館が見えます。）

Scene 49　道順を伝え終わったら

Enjoy your 〜!（〜を楽しんで！）

道順を伝え終わったので、軽く挨拶をして別れます。

Exactly. Cross the street there, make a right, and <u>continue</u> for one block. You'll see the mall on your left.

（その通りです。そこで通りを渡り、右折して1ブロック進みます。左手にショッピングモールが見えますよ。）

Thanks for the clear directions!

（わかりやすい道案内をありがとう！）

<u>No problem.</u> Enjoy your visit to the mall!

（いいんですよ。ショッピングモールを楽しんでくださいね！）

Thanks again. Have a great day!

（本当にありがとう。良い1日を！）

Words and Phrases

- [ ] **Exactly.**　その通り。確かにそうだ。
- [ ] **cross** 動 〜を横断する、〜を渡る
- [ ] **make a right（turn）**　右に曲がる
- [ ] **clear directions**　明確な指示
- [ ] **visit** 名 訪問、見物　　　　[ ] **great** 形 素晴らしい

Enjoy your 〜!

Have a great 〜！ と同じく、別れ際にぴったりのフレーズ。「〜を楽しんで！」という意味です。

① **Enjoy your** stay in Japan!（日本での滞在を楽しんでください！）

② **Enjoy your** meal!（お食事をお楽しみください！）

③ **Enjoy your** trip to Mount Fuji!（富士山旅行を楽しんでください！）

④ **Enjoy your** college life!（大学生活を楽しんでね！）

⑤ **Enjoy** the new chapter in your life!
（人生の新しい章を楽しんでください！）

⑥ **Enjoy your** time with your family!
（家族との時間を楽しんでね！）

単語・フレーズ解説

✦ **continue**

continue は「〜を続ける」のほか、「進み続ける」という意味もあります。

　例 **Continue** until you see a convenience store.
　　（コンビニが見えるまで進んでください。）

　例 **Continue** straight for two blocks, then turn right.
　　（そのまま2ブロック進んで、右に曲がってください。）

✦ **No problem.**

「全然問題ありません。大丈夫ですよ。」という意味で、「ありがとう」への返答としても使えます。他の返答例もいくつか覚えておきましょう。

　例 **You're welcome.**（どういたしまして。）
　　Don't mention it.（とんでもない。）
　　It's my pleasure.（こちらこそ。）
　　It's no big deal. [**No biggie.**]（大したことないよ。）
　　Anytime.（いつでも言ってね。）

Scene
50

道を尋ねられても わからなかったら

I'm familiar with ～。 (～をよく知っています。)

道を尋ねられましたが、この辺りには詳しくないことを伝えます。

Track 105

Excuse me. Could you tell me how to get to the stadium?

（すみません。スタジアムへの行き方を教えていただけますか？）

I'm sorry, but I'm not familiar with this area.

（すみませんが、この辺はよく知らないんです。）

That's all right. Thank you anyway.

（大丈夫ですよ。いずれにしてもありがとう。）

No problem. If you like, I can google it for you.

（どういたしまして。よろしければ、Google で調べますよ。）

Words and Phrases

- [ ] **how to get to ～**　～への行き方
- [ ] **be familiar with ～**　～をよく知っている
- [ ] **all right**　大丈夫で、差し支えない
- [ ] **if you like**　よろしければ
- [ ] **google** 動 Google で検索する　→ 動詞として使うときは小文字が一般的

I'm familiar with ～.

I'm familiar with ～は「～をよく知っている、～に詳しい」という意味の熟語です。反対に「詳しくない」場合は **not** を付けて否定文にします。

① **I'm familiar with** this area because I used to live here.
（以前住んでいたので、この地域には詳しいんです。）
※ used to ... : よく…したものだ、以前は…していた

② **I'm familiar with** American culture because I have American friends.
（アメリカ人の友人がいるので、アメリカ文化はよく知っています。）

③ **I'm not familiar with** that restaurant. Is their food good?
（そのレストランはよく知らないんだ。おいしいの？）

④ **I'm familiar with** classical music because I play the violin.
（バイオリンを弾くので、クラシック音楽には詳しいんです。）

単語・フレーズ解説

+ **That's all right.**

That's all right [OK]. (大丈夫だよ。) は謝罪されたときにも使えます。謝罪への返答例をいくつか覚えておきましょう。
例 **Don't worry about it.** [**No worries.**]（気にしないで。）
It happens. (よくあることだよ。)
Forget about it. (いいっていいって。)
Don't sweat it. (気にしないで。)
It's all good. (全然問題ないよ。)

+ **Thank you anyway.**

anyway は「どっちみち、いずれにしても」という意味で、Thank you [Thanks] anyway. は望み通りの結果ではなくても「とにかくありがとう」と伝えたいときのフレーズです。
例 **Sorry, I can't come. Thanks for asking, anyway.**
（ごめん、行けないわ。でも誘ってくれてありがとう。）

国内編

7

落とし物・道案内

1 聞き取りにチャレンジ！

次の会話文を聞き取り、空欄に入る単語を記入しましょう。

Q 01
A : Did you _____ this handkerchief?
B : Oh, yes! Thank you so much.

💠ヒント 「落とす」という意味の動詞（Scene 45）

Q 02
A : If you like, I can _____ it for you.
B : Thank you for your kindness.

💠ヒント 「Google で検索する」という意味の動詞（Scene 50）

Q 03
A : Is the mall far from here?
B : No, it's about a _____ from here.

💠ヒント 「10分の徒歩」（Scene 47）

Q 04
A : _____ your visit to the mall!
B : Thanks. Have a great day!

💠ヒント 「楽しむ」という意味の動詞（Scene 49）

Q 05
A : Could you tell me _____ the nearest subway station?
B : Sure! Go straight down this street for two blocks.

💠ヒント 「〜への行き方」」（Scene 46）

Q 06
A : Cross the street, _____ a right, and continue for one block.
B : Thanks for the clear directions!

💠ヒント 「右に曲がる」（Scene 49）

Q 07
A : Any landmarks along the way?
B : Yes, go straight down this street and past the clock tower _____ .

💠ヒント 「あなたの右手に」（Scene 48）

空欄に入る単語を記入し、キーフレーズを完成させましょう。

Q 01

地下鉄の路線図をお見せしますね。

show you the subway map.

◈ヒント 「…させてください、…しましょう」（Scene 48）

Q 02

これの使い方を教えていただけますか？

Could you tell me this?

◈ヒント 「使い方」（Scene 46）

Q 03

渋谷まで電車で約25分です。

It's about a 25-minute to Shibuya.

◈ヒント 「列車への乗車、列車に乗ること」（Scene 47）

Q 04

よい週末を！

Have a great !

◈ヒント 「週末」という意味の名詞（Scene 45）

Q 05

富士山旅行を楽しんでください！

Enjoy your Mount Fuji!

◈ヒント 「〜への旅行」（Scene 49）

Q 06

以前住んでいたので、この地域には詳しいんです。

I'm this area because I used to live here.

◈ヒント 「〜をよく知っている」（Scene 50）

Q 07

空港から車で約5分です。

It's about a five-minute from the airport.

◈ヒント 「運転」という意味の名詞（Scene 47）

Q 08

安全な旅を！

Have a !

◈ヒント 直訳「安全な旅」（Scene 45）

国内編

7

落とし物・道案内

137

ディクテーションで
リスニング力アップ

　「ディクテーション」とは、英語の音声を聞き、1語1句全てを書き取るトレーニングです。書くのに時間がかかるので、音声を一時停止しながら何度も聞きます。まるで筋トレのように高負荷なトレーニングなので私もたまにしかやらないのですが、集中的に取り組んだ後は確実に**リスニングの精度が上がります**。本書の Chapter 末尾に設けた確認問題「聞き取りにチャレンジ！」は空欄の語句のみを書き取る出題形式ですが、もし「物足りないな」と感じたら、問題文を隠して全文の書き取りに挑戦してみてください。

〈ディクテーションのやり方〉

1. まずは全文を聞く
2. 1文ずつ、またはキリのいいところで一時停止しながら書き取る
   （わかるまで何度も聞く）
3. 文法やスペルのミスがないか確認する
4. もう一度全文を聞く
5. スクリプト（台本）と照らし合わせて答え合わせをする

　お勧めの方法は、何度聞いてもわからないところは**「聞こえたとおりにカタカナで書き留める」**ことです。例えば私は、以前に何度聞いても「グライヴァーニュー」としか聞こえない部分がありました。後でスクリプトを確認してみると、それは "girl I ever knew（私が知っていた女の子）" でした。girl の発音は［グルォ］のように聞こえますよね！「girl I＝グライになるんだ」と学んだおかげで、それ以来、girl の発音を聞き取る精度が上がりました。その他の例では、I've been 〜の been はとても曖昧に弱く発音され、ほとんど［ベン］になってしまいますが、慣れれば次第に聞き取れるようになります。

　ディクテーションはしんどいトレーニングなので「たまに」で構いません。まずは本書の確認問題から始めてみてください。TOEIC や英検のリスニング問題を使って練習するのも効果的です。

Chapter
8

乗り物利用

Scene 51

駅で困っている人を見かけたら

look for ～（～を探す）

駅で困っていそうな人がいるので、思い切って声をかけます。

Track 108

Excuse me, are you looking for something?

（すみません、何かお探しですか？）

Yes, I want to take the Ginza Line. Could you tell me where to get a ticket?

（はい、銀座線に乗りたいんです。どこで切符を買えるか教えていただけますか？）

Sure! The ticket vending machines are over there.

（もちろん！ 自動券売機はあちらですよ。）

Thank you!

（ありがとう！）

Words and Phrases

☐ **take** 動 （乗り物に）乗る
☐ **where to ...** どこで…するべきか
☐ **get** 動 ～を入手する、～を買う
☐ **ticket vending machine** 名 自動券売機
☐ **over there** あそこに、向こうに

look for ～

Track 109

look for ～は「～を探す」という意味のイディオム（慣用句）です。道を聞いたり道順を教えたりするときに使えます。

① What are you **looking for**?（何をお探しですか？）

② I'm **looking for** the police station.（警察署を探しています。）

③ Are you **looking for** the nearest station?
（最寄り駅をお探しですか？）

④ If you're **looking for** the bus stop, it's one block ahead.
（バス停をお探しなら、1ブロック先にありますよ。）

⑤ To get to the Hibiya Line entrance, **look for** the gray logo.
（日比谷線の入口へ行くには、灰色のロゴを探してください。）

💡 単語・フレーズ解説

✦ take the Ginza Line

take＋路線／乗り物で「～に乗る」という意味になります。

例 Take the Ginza Line at Ueno.

（上野で銀座線に乗ってください。）

例 I'm going to take a taxi instead of a bus.

（バスの代わりにタクシーに乗るつもりです。）

※instead of ～：～の代わりに

✦ where to get a ticket

〈where／when／what／how＋to不定詞〉で「どこで／いつ／何を／どう…すべきか」という名詞節を作ります。

例 I don't know where to go next.

（次にどこへ行けばいいのかわかりません。）

例 I don't know what to say.

（何と言ったらいいのかわかりません。）

例 Can you tell me how to play this game?

（このゲームのやり方を教えてくれる？）

国内編

8
乗り物利用

Scene 52 切符の料金を聞かれたら

depend(s) on ～（～次第です）

切符の料金を聞かれたので、目的地によって違うことを伝えます。

Track 110

How much is a ticket for the Ginza Line?

（銀座線の切符はいくらですか？）

It depends on the destination. Which station are you going to?

（それは目的地によります。どの駅に行かれるのですか？）

I'm heading to Ginza.

（銀座に行くんです。）

A one-way ticket to Ginza is 210 yen. There's a fare chart above the ticket machines.

（銀座への片道切符は210円です。券売機の上に運賃表があ
りますよ。）

Words and Phrases

- [ ] **Which ～?** どちらの～？
- [ ] **head to ～** ～へ向かう
- [ ] **one-way ticket** 图 片道切符
- [ ] **fare chart** 图 運賃表
- [ ] **above** 前 ～の上に⇔**below** 前 ～の下に
- [ ] **ticket machine** 图 券売機

Key Phrase

depend(s) on 〜

depend on 〜（〜に頼る）には「〜次第である、〜にかかっている」という意味もあります。相手から質問されて「それは〜によるよ。」と答えるときは、It depends on 〜. で始めましょう。

① It **depends**.（それは時と場合によります。）
　※on以下を省略した定番フレーズ

② It **depends on** tomorrow's weather.（それは明日の天気次第です。）

③ It **depends on** what you want to do.
　（それはあなたが何をしたいかによります。）

④ Your future **depends on** what you do today.
　（あなたの未来は今日の行動にかかっています。）

⑤ Everything **depends on** you.（全てはあなた次第です。）

💡 単語・フレーズ解説

✦ **head to 〜**

head は名詞では「頭」のことですが、「進む、行く」という意味で動詞としても使われます。head to 〜で「〜へ向かう」です。
　例 I'm <u>heading to</u> the office.
　（オフィスへ向かっているところです。）
　例 I'm <u>heading to</u> Fukuoka next week.（来週福岡へ行きます。）

✦ **one-way ticket to 〜**

「〜への片道切符」は one-way ticket to 〜、「〜への往復切符」は round-trip ticket to 〜といいます。イギリス英語ではそれぞれ single ticket to 〜、return ticket to 〜と言うのが一般的です。
　例 Two <u>one-way tickets to</u> Kanazawa, please.
　（金沢までの片道切符を2枚ください。）
　例 Can I get a <u>round-trip ticket to</u> Osaka?
　（大阪までの往復切符をもらえますか？）

Scene 53
ICカードを勧める

It's 形容詞 to ....（…するのは〜です。）

ICカードは乗り物だけでなくいろいろなお店で使えることを伝えます。 Track 112

It's convenient to have an IC card. There's a 500 yen deposit, but it will be refunded when you return it.

（ICカードがあると便利ですよ。預り金が500円かかりますが、カード返却時に返金されます。）

That sounds like a good idea!

（それはいい考えですね！）

You can use it for transportation and at various shops, including convenience stores.

（交通機関やコンビニを含むさまざまなお店で利用できますよ。）

Great. I'll definitely get one. Thanks for the information!

（いいですね。必ず入手します。情報ありがとう！）

Words and Phrases

- [ ] **deposit** 名 預り金、手付金
- [ ] **refund** 動 〜を払い戻す
- [ ] **sound(s) like**＋名詞　〜のように聞こえる
- [ ] **transportation** 名 交通機関
- [ ] **various** 形 さまざまな
- [ ] **including** 前 〜を含む
- [ ] **definitely** 副 確かに、間違いなく

Key Phrase

It's 形容詞 to ... .

It は仮の主語で to 不定詞以下が It の内容を表します。**It's convenient to have an IC card.** は「IC カードを持つことは便利だ。」の意味で、形容詞の後ろに〈**for** + [人]〉([人] にとって)を入れることもあります。

① **It's** always **exciting to** explore new cities.
（新しい街を探検するのはいつもワクワクします。）　※explore：〜を探検する

② **It's boring to** eat the same food every day.
（毎日同じものを食べるのは飽き飽きします。）

③ **It's interesting to** learn about the local history.
（その土地の歴史について知るのは面白いです。）

④ **It's difficult for me to** talk to people I don't know.
（知らない人と話すのは私には難しいです。）

⑤ **Is it easy for you to** speak English?
（英語を話すことはあなたにとって簡単ですか？）

単語・フレーズ解説

✦ it will be refunded

will + 受け身〈be 動詞 + 過去分詞〉で「（これから）…される」という意味になります。

> 例 The meeting <u>will be held</u> at 10 a.m.
> （会議は午前 10 時に開かれます。）

> 例 My laptop <u>will be repaired</u> by tomorrow.
> （私のノートパソコンは明日までに修理されます。）

✦ including 〜

include は「〜を含む」という動詞で、including は「〜を含めて」という前置詞です。

> 例 I've traveled to many countries, <u>including</u> India.
> （インドを含む多くの国を旅してきました。）

> 例 I want to invite some friends, <u>including</u> you.
> （あなたを含めて友達を何人か招待したいです。）

Scene 54

特定の駅への行き方を聞かれたら

will need to ...（…する必要があります）

特定の駅への行き方と乗り換えについて案内します。

Could you tell me how to get to Nagatacho?

（永田町への行き方を教えていただけますか？）

Sure! You'll need to change trains to the Hanzomon Line at Shibuya. It's three stops from there.

（いいですよ！ 渋谷で半蔵門線に乗り換える必要があります。そこから3駅です。）

Thank you! Is the Hanzomon Line platform easy to find?

（ありがとう！ 半蔵門線のプラットホームはすぐ見つかりますか？）

Yes, once you <u>get off</u> the train at Shibuya, just follow the Hanzomon Line signs.

（ええ、渋谷で電車を降りたら、半蔵門線の標識に従ってください。）

Words and Phrases

- [ ] **how to get to ～** ～への行き方
- [ ] **change trains** 電車を乗り換える
- [ ] **stop** 名（交通機関の）停車場、駅
- [ ] **easy to find** 見つけやすい
- [ ] **once** 接 いったん～したら
- [ ] **follow** 動 ～に従う
- [ ] **sign** 名 標識

Key Phrase

will need to ...

Track 115

will + need to ... は「(これから)…する必要がある」という意味です。

① We'll **need to** reschedule our meeting.
（会議の予定を変更する必要があるでしょう。）

② You'll **need to** wear a helmet when going into the cave.
（洞窟に入る際はヘルメットの着用が必要です。）
※cave：洞窟

③ I'll **need to** leave here by noon.
（正午までにここを出る必要があります。）

④ I'll **need to** charge my phone soon. The battery is low.
（すぐに携帯を充電しなくては。バッテリーが少なくなっています。）

⑤ I'll **need to** catch the first train tomorrow.
（明日は始発電車に乗らないと。）

💡 単語・フレーズ解説

✦ It's three stops from 〜.

名詞の stop には「停車場」という意味があります。「あと○駅」「○駅目」と数えるときは、station より stop がよく使われます。

例 We'll get off the bus at the fifth <u>stop</u>.
（5番目の停留所でバスを降りるよ。）

例 There are three more <u>stops</u> until the airport.
（空港まであと3駅です。）

✦ get off

電車やバス、エレベーターのように、中で立って歩ける乗り物のときはget on（〜に乗る）/ get off（〜から降りる）と言い、タクシーや自家用車のように車内が狭い乗り物のときは get in / get out of と言います。

例 Let's <u>get on</u> the bus.（バスに乗りましょう。）
例 <u>Get in</u> the car!（車に乗って！）

Scene 55 人身事故があったことを伝える

It seems there's [there has] been～。（～があったようです。）

外国人観光客に、人身事故のため電車が止まってしまったことを説明します。

Excuse me, do you know why we've stopped?

（すみません、なぜ止まってしまったかご存じですか？）

It seems there's been a human incident on the line.

（路線上で人身事故があったようですね。）

Oh. How long will it take for the train to start running again?

（まあ。電車が動き出すまでどのくらいかかりますか？）

I don't know. I'll let you know as soon as I hear something.

（わかりません。何か聞いたらすぐにお知らせします。）

Words and Phrases

- ☐ **we've [we have] stopped** 止まってしまった〈現在完了〉
- ☐ **human incident** 图 人的事件、人身事故
- ☐ **How long ～?** どれくらい（の期間）～？
- ☐ **let [人] know** [人] に知らせる
- ☐ **as soon as ～** ～したらすぐに　☐ **hear** 動 ～を聞く、～を耳にする

It seems there's [there has] been 〜.

It seems（that）は「のようだ / らしい」という意味。現在完了の there's [there has] been 〜は「（たった今）〜があった〈完了〉/ これまでに〜があった〈経験〉/ ずっと〜があった〈継続〉」のいずれかの意味になります。

① **It seems there's been** a misunderstanding.（誤解があったようです。）

② **It seems there's been** a change in plans.
（予定に変更があったようです）

③ **It seems there have been** some train delays.
（何本かの電車に遅れが出ているようです。）

④ **It seems there's been** a technical error.
（技術的な問題が起こったようです。）

⑤ **It seems there have been** many earthquakes lately.
（最近地震が多いようです。）　※lately：最近

単語・フレーズ解説

✦ human incident

incident（事件、出来事）を使った human incident は「人が関わるトラブルや事件」という幅広い意味を持ちますが、この会話の文脈では日本語の「人身事故」に近い意味になります。accident（事故）は意図しない出来事を指すため、人身事故のように意図的な行為には incident が適しています。

✦ How long will it take for 〜 to ...?

How long will it take 〜?（どれくらい時間がかかりますか？）に、for 〜 to ...「〜が…するのに」を加えた文です。文を前半と後半に分けて考えると意味がわかりやすいですね。

例 How long will it take for my order to arrive?
（注文品が届くまでどれくらいかかりますか？）

例 How long will it take for the paint to dry?
（塗料が乾くまでどれくらいかかりますか？）

Scene
56

振替輸送の情報を伝える

They say (that)〜。（〜だそうです。）

外国人観光客に、振替輸送についての情報を伝えます。

Track
118

The announcement said that there's alternative transportation available.

（アナウンスによると、振替輸送が利用できるそうです。）

That's good to know. Do you have any idea what the alternative transportation is?

（それはよかったです。どんな振替輸送かわかりますか？）

They say the JR Line is running.

（JR線は走っているそうです。）

Great. I'll take the JR Line then. Thank you for letting me know.

（よかった。それではJR線に乗ります。教えてくれてありがとう。）

Words and Phrases

☐ **announcement** 名 発表、アナウンス
☐ **alternative transportation** 振替輸送
☐ **available** 形 利用できる、入手できる
☐ **That's good to know.** それはよかった。 ☐ **take** 動（乗り物に）乗る
☐ **then** 副 それでは ☐ **let**［人］**know** ［人］に知らせる

They say (that) 〜.

この会話での they は、駅員などその鉄道会社の社員全般を指します。会社や店舗のスタッフを指すときはもちろん、「〜と人は言う」などと不特定の人々を指すときにも使えます。

① **They say** the flight will be delayed by a couple of hours.
（フライトは数時間遅れるそうです。）

② I called the restaurant, and **they said** it will be closed tomorrow.
（レストランに電話したら、明日は休みだそうです。）

③ **They say** the restaurant is fully booked this weekend.
（そのレストランは今週末は予約でいっぱいだそうです。）

④ **They say** money can't buy happiness.
（お金で幸せは買えないと言います。）

💡 単語・フレーズ解説

✦ The announcement said that 〜

直訳すると「アナウンスが〜だと言った」で、「アナウンスによると〜だ」という意味で使われています。say は「〜と言う」だけでなく「〜と書いてある」という意味でも使える便利な単語です。

例 **The departure board says** our flight is on time.
（出発案内板によると、私たちのフライトは定刻通りです。）

✦ Do you have any idea 〜 ?

Do you have any idea +〈疑問詞＋主語＋動詞〉? は「〜なのか見当がつきますか？」という意味です。「見当もつかない」ときは、have no idea 〜 と言うことができます。

例 **Do you have any idea** where Cate has gone?
（ケイトがどこに行ったか心当たりはありますか？）

例 **I have no idea** what it is.
（それが何なのか見当もつかないです。）

国内編

8 乗り物利用

151

Scene 57 タクシーに乗ることを勧める

Maybe you should ...。(…したほうがいいかもしれません。)

運転再開のめどが立たないので、タクシー利用がいいかもしれないと
アドバイスします。

Do you have any idea when the trains will start running again?

（電車がいつ運転再開するかわかりますか？）

I'm not sure, but it will probably take a while. Maybe you should take a taxi.

（はっきりとわかりませんが、たぶんしばらくかかるでしょう。
タクシーに乗ったほうがいいかもしれません。）

That might be a good idea. I'll go and see if I can find one. Thanks for the suggestion.

（それがいいかもしれません。つかまるか見てきます。提案
ありがとう。）

You're welcome. Safe travels!

（どういたしまして。安全なご移動を！）

Words and Phrases

- [ ] **start running** 走り出す
- [ ] **probably** 副 十中八九、おそらく
- [ ] **take a while** しばらく時間がかかる
- [ ] **see if 〜** 〜かどうか見る（確認する）
- [ ] **suggestion** 名 提案
- [ ] **sure** 形 確信して

Maybe you should … .

Track 121

You should … .（…したほうがいい。）に **maybe**（もしかすると、たぶん）を付けると、「…したほうがいいかも。」という控えめな提案になります。

① **Maybe you should** see a doctor.
（医者に診てもらったほうがいいかも。）

② **Maybe you should** take a break.
（休んだほうがいいかも。）

③ **Maybe you should** bring an umbrella.
（傘を持って行ったほうがいいかも。）

④ **Maybe you should** ask for help.
（助けを求めたほうがいいかも。）

⑤ **Maybe you should** get more sleep.
（もっと睡眠を取ったほうがいいかも。）

単語・フレーズ解説

✦ I'm not sure.

形容詞の sure（確信して）を使って、I'm not sure.（確信が持てません。よくわかりません。）と言うことができます。

⑳ I'm not sure about that.
（それについてはよくわかりません。）

⑳ I'm not sure how long the meeting will take.
（会議がどれくらいかかるかよくわかりません。）

✦ might be 〜

might be 〜 も may be 〜 も「〜かもしれない」という意味ですが、might には「ひょっとしたら」というニュアンスがあり、may よりも確信度が低い言い方になります。

⑳ That might be true, but I'm not sure.
（もしかしたらそうかも知れないけど、よくわからないな。）

Scene 58　バスが遅れていたら

～ seem (s) to ... (～は…するようです)

外国人観光客に、渋滞でバスが遅れていることを伝えます。

Track 122

Excuse me, <u>do you know why the bus is late?</u>

（すみません、どうしてバスが遅れているかご存じですか？）

It seems to be running late due to heavy traffic.

（交通渋滞で遅れているようです。）

That's unfortunate. I hope it arrives soon. I need to be in Shibuya by noon.

（それは残念です。早く来るといいのですが。正午までに渋谷に行かないといけないんです。）

<u>You might want to</u> consider the train. It's usually faster than the bus during heavy traffic.

（電車を検討してみてはいかがでしょう。渋滞のときはたいてい電車のほうがバスより早いです。）

Words and Phrases

- [ ] **due to ～**　～が原因で
- [ ] **unfortunate** 形 不運な
- [ ] **by noon**　正午までに
- [ ] **usually** 副 たいてい、普段は
- [ ] **heavy traffic**　交通渋滞
- [ ] **arrive** 動 到着する
- [ ] **consider** 動 ～を考慮に入れる
- [ ] **during** 前 ～の間

～ seem(s) to ...

Track 123

seem to ...（…するようだ）は状況や事実に基づいた推測を表します。
It seems to be running late.（それ（バス）は遅れているようです。）は
It seems（that）the bus is running late. と言うこともできます。

① Our flight **seems to** be delayed.（私たちのフライトは遅れているようです。）

② The hotel **seems to** be fully booked this month.
（そのホテルは今月は全室予約済みで満室のようです。）

③ My parents **seem to** be having a good time.
（私の両親は楽しんでいるようです。）

④ This cafe **seems to** be popular among foreign tourists.
（このカフェは外国人観光客に人気のようです。）

⑤ The feedback **seems to** be positive.（フィードバックは肯定的なようです。）

単語・フレーズ解説

✦ Do you know why ～?

Do you know ～?（～を知っていますか?）に〈why＋主語＋動詞〉（なぜ～なのか）を加えることで、理由を尋ねることができます。why以下の語順に注意しましょう。

例 Do you know why he's so grumpy?
（なぜ彼がそんなに不機嫌なのか知ってる?）　※grumpy：不機嫌な

✦ You might want to ....

控えめに「ひょっとしたら…したほうがいいかもしれません。…してはいかがでしょうか」と提案するときのフレーズです。Maybe you should ....（…したほうがいいかも。）よりもさらに柔らかい言い方です。

例 You might want to try a new approach.
（新しいアプローチを試してみるのもいいかもしれません。）

例 You might want to check this out.
（これをチェックしてみてはどうでしょう。）

バスの乗り方を伝える

have to ...（…しなくてはいけません）

外国人観光客に、バスでの運賃の支払い方法を伝えます。

Track 124

Excuse me, do I need to pay the fare in advance?

（すみません、運賃は前払いですか？）

Yes, you have to pay as you board. Put coins in that box or touch your IC card on the reader.

（ええ、乗車時に支払います。あの箱に硬貨を入れるか、読み取り機にICカードをタッチします。）

Thank you. I'll use my IC card.

（ありがとうございます。ICカードを使います。）

That's a good choice. The IC card simplifies city travel.

（いい選択ですね。ICカードがあれば、市内の移動が簡単になります。）

Words and Phrases

- [ ] **need to ...** …する必要がある
- [ ] **as** 接 ～しているときに、～しながら
- [ ] **board** 動（船・電車・飛行機に）乗る
- [ ] **choice** 名 選択
- [ ] **travel** 名 旅行、移動
- [ ] **fare** 名 運賃
- [ ] **reader** 名 読み取り機
- [ ] **simplify** 動 ～を単純化する
  - 心 **simple**（単純な）＋ **-fy**（～化する）

Key Phrase

have to ...

Track 125

have to ... は外的条件などによって「…しなくてはいけない、…する必要がある」という意味です。

① You **have to** take off your shoes here.
（ここでは靴を脱がなくてはいけません。）

② I **have to** go now.（そろそろ行かなくちゃ。）

③ I **have to** finish my assignment by tomorrow.
（明日までに課題を終わらせないといけません。）

④ You **have to** follow the local rules during your stay.
（滞在中は現地のルールに従わなくちゃ。）

⑤ You **have to** buy a ticket beforehand.
（事前にチケットを購入しなくてはいけません。）　※beforehand：あらかじめ

単語・フレーズ解説

✦ in advance

advance は「前進」を表しますが、in advance で「前もって」という意味になります。

　例 **Thank you in advance.**
　　（前もってお礼を言います。＝よろしくお願いします。）
　　※何かを依頼したときに

　例 **Thank you for letting me know in advance.**
　　（前もって知らせてくれてありがとう。）

✦ put［物］in ～

put は「物を置く」を意味する動詞で、後ろには場所の情報を加えることが多いです。put A in B は「A を B へ入れる」、put A on B は「A を B に置く」という意味になります。

　例 **Could you put the documents in the drawer / on my desk?**
　　（書類を引き出しに入れていただけますか？／書類を私の机に置いていただけますか？）

Scene 60 何駅目かを聞かれたら

It looks like ～。（～のようです。）

目的地が何駅目かを聞かれたので、路線図を見て答えます。

Track 126

Do you know how many more stops there are to Kyoto?

（京都まであと何駅あるかご存じですか？）

Let me check for you. It looks like there are four more stops until Kyoto.

（確認しますね。京都まであと4駅のようです。）

Great, thanks! I just wanted to make sure I didn't miss my stop.

（よかった、ありがとう！ 目的の駅で降りそこねないよう、確認したかったんです。）

No problem. Enjoy your time in the city!

（全然構いませんよ。街での時間を楽しんでくださいね！）

Words and Phrases

- [ ] **how many more ～** あといくつの～
- [ ] **stop** 名（交通機関の）停車場、駅
- [ ] **make sure ～** ～だと確認する、確実に～する   [ ] **miss** 動 ～を逃す
- [ ] **No problem.** 大丈夫ですよ。どうってことありません。
- [ ] **Enjoy your time.** 時間を楽しんで。

It looks like ～.

Track 127

It looks like ＋文で「～のようだ」という意味です。It seems は状況や事実など総合的な情報からの推測なのに対して、It looks like は主に目に見える情報に基づいて推測するときに使います。

① **It looks like** it's going to rain.（雨が降りそうです。）

② **It looks like** the zoo is closed today.（動物園は今日はお休みのようです。）

③ **It looks like** this is a popular spot.（ここは人気スポットみたいだね。）

④ **It looks like** the audience is having fun.（観客は楽しんでいるようだね。）
　※audience：観客、聴衆

⑤ **It looks like** fall is just around the corner.
（秋はすぐそこまで来ているようです。）
　※just around the corner：すぐそこの角に、すぐ近くに

単語・フレーズ解説

✦ Do you know how many ～ there are?

〈how many ○○＋主語＋動詞〉の語順で「いくつの○○を（が）～なのか」という名詞節になります。there are の語順に注意しましょう。

　例 Do you know how many shrines there are in Kyoto?
　（京都に神社がいくつあるか知ってる？）

　例 Do you know how many people there are in the world?
　（世界に何人の人がいるか知ってる？）

✦ I just wanted to ….

just（ただ、～だけ）を使って、I just wanted to …. で「ただ…したかったんだ。」と言うことができます。

　例 I just wanted to say hi.
　（ただ挨拶がしたくて。/ ちょっとどうしてるかなと思って。）

　例 I just wanted to see your face.
　（ただちょっと顔が見たかったんです。）

1 聞き取りにチャレンジ！

Track 128

次の会話文を聞き取り、空欄に入る単語を記入しましょう。

Q 01
A : They say the JR Line is running.
B : Great. I'll _____ the JR Line then.
≫ヒント 「(乗り物に)乗る」という意味の動詞 (Scene 56)

Q 02
A : Could you tell me how to get to Nagatacho?
B : Sure! You'll need to _____ to the Hanzomon Line at Shibuya.
≫ヒント 「電車を乗り換える」 (Scene 54)

Q 03
A : Do you have _____ when the trains will start running again?
B : I'm not sure, but it will probably take a while.
≫ヒント 「見当がつきますか？」というニュアンス (Scene 57)

Q 04
A : Could you tell me _____ a ticket?
B : Sure! The ticket vending machines are over there.
≫ヒント 疑問詞＋不定詞 (Scene 51)

Q 05
A : How long will it take for the train to start running again?
B : I don't know. I'll let you know _____ I hear something.
≫ヒント 「〜したらすぐに、〜次第」 (Scene 55)

Q 06
A : The bus is running late, but I need to be in Shibuya by noon.
B : You _____ consider the train.
≫ヒント 「ひょっとしたら…したほうがいいかも」 (Scene 58)

Q 07
A : Do you know _____ there are to Kyoto?
B : Let me check for you. ≫ヒント 「あと何駅」 (Scene 60)

2 キーフレーズ穴埋めクイズ

空欄に入る単語を記入し、キーフレーズを完成させましょう。

Q 01
そろそろ行かなくちゃ。
I　　　　　　　　go now.
◈ヒント 「…しなくてはいけない」(Scene 59)

Q 02
英語を話すことはあなたにとって簡単ですか？
Is it easy　　　　　　　　to speak English?
◈ヒント 「あなたにとって」(Scene 53)

Q 03
あなたの未来は今日の行動にかかっています。
Your future　　　　　　　　what you do today.
◈ヒント 「〜次第である、〜にかかっている」(Scene 52)

Q 04
何をお探しですか？
What are you　　　　　　　　　？
◈ヒント 「〜を探す」(Scene 51)

Q 05
路線上で人身事故があったようです。
It seems there's　　　　　a human incident on the line.
◈ヒント たった今起きたので現在完了 (Scene 55)

Q 06
（空を見上げて）雨が降りそうです。
It　　　　　　　　it's going to rain.
◈ヒント 目に見える情報に基づいて推測 (Scene 60)

Q 07
傘を持って行ったほうがいいかも。
　　　　　　　you should bring an umbrella.
◈ヒント 「もしかすると、たぶん」という意味の副詞 (Scene 57)

Q 08
レストランに電話したら、明日は休みだそうです。
I called the restaurant, and　　　　　　　　　it will be closed tomorrow.
◈ヒント 直訳「彼らは言った」(Scene 56)

国内編

8
乗り物利用

161

Step 8

リピーティングや
シャドーイングとは？

　Step 1～3では「英文を声に出して読む」「リズムや音のつながりを意識する」「母音・子音の発音に気をつける」ことをお勧めしました。Step 8では具体的な音読トレーニングの方法を紹介します。

1．事前準備──なぞり音読

　Step 2で紹介したように、音がつながっているところに⌣マークを付けながらネイティブ音声を聞く。英文を指でなぞりながらもう一度ネイティブ音声を聞き、真似して発音。文字をなぞりながら聞いたり読んだりすることで、集中して**音と文字をしっかり結び付ける**ことができます。私はこれを「なぞり音読」と呼んでいます。

2．リピーティング

　1文ずつ、またはキリのいいところで**一時停止しながら**ネイティブ音声を聞き、そっくりに言えるように真似をする。

3．オーバーラッピング

　英文を見ながら**「ネイティブ音声と同時に」**発音する。同時に発音することでネイティブのリズムやイントネーションを掴みやすく、自分がうまく発音できない部分も明確になります。

4．シャドーイング

　英文を見ずに「音だけを頼りに」真似して発音する。ネイティブ音声のすぐ後を影 (shadow) のように追いかけて発音します。

　英語学習ではシャドーイングという言葉をよく聞きますが、上記の中では最高難度です。私自身はオーバーラッピングで十分だと思うので、ときどき英語字幕を表示して好きなドラマや映画を鑑賞し、気に入ったセリフだけオーバーラッピングしています。シャドーイングに挑戦するときも、上記1～3のステップを踏んでから取り組むとハードルが下がりますよ。

Chapter 9

スーパー・観光地

Scene 61　スーパーでレジ袋について聞かれたら

if [whether] 主語＋動詞（…かどうか）

レジ袋が有料であることと、エコバッグについて伝えます。

Track 129

Excuse me, could you tell me if I can get a plastic bag?

（すみません、レジ袋はもらえるのか教えていただけますか？）

There's an extra charge for plastic bags. Many people bring their own bags called "eco-bags".

（レジ袋は別料金です。「エコバッグ」と呼ばれる自分のバッグを持参する人も多いですよ。）

Oh, I see. Thanks. I'll use my backpack instead.

（ああ、そうなんですね。ありがとう。代わりにリュックを使うことにします。）

You're welcome! That's a great idea.

（どういたしまして！ それはいいアイデアですね。）

Words and Phrases

- [ ] **plastic bag**　ビニール袋、レジ袋
- [ ] **bring** 動 ～を持ってくる
- [ ] **backpack** 名 バックパック、リュックサック
- [ ] **instead** 副 代わりに
- [ ] **extra** 形 追加の
- [ ] **one's own**　自分自身の

if [whether] 主語＋動詞

〈**if** または **whether**＋**主語**＋**動詞**〉で「…かどうか」という名詞節を作ります。例えば、**Could you tell me ～？** を前に付けることで「…かどうか教えていただけますか？」と聞くことができます。

① Can you check **if the museum is open** today?
（美術館が今日開いているか調べてもらえますか？）

② Do you know **if the Shinkansen is running** on schedule?
（新幹線が予定通り動いているか知ってる？）

③ I wonder **if it will rain** tomorrow.（明日は雨が降るのかな。）

④ Can you ask Jane **if she can come** tomorrow?
（ジェーンに明日来られるか聞いてくれる？）

⑤ I don't know **whether Jim likes sushi**.
（ジムが寿司を好きかどうかわからないな。）

単語・フレーズ解説

✦ There's an extra charge for ～.

extra は「追加の」、charge は「料金」という意味です。There's an extra charge for ～. で「～には追加料金がかかります。～は別料金です。」と表現することができます。

例 Is there an extra charge for late check-out?
（レイトチェックアウトには追加料金がかかりますか？）

✦ bags called "eco-bags"

過去分詞 called 以下が後ろから bags を修飾しています。通常、過去分詞（…された）1語のときは前から、過去分詞以下が2語以上のまとまりになっているときは後ろから名詞を修飾します。

例 I got some used books today.
（今日は古本を何冊か手に入れました。）

例 I got some books written by Agatha Christie.
（アガサ・クリスティーによって書かれた本を何冊か買いました。）

国内編

9
スーパー・観光地

165

Scene 62

夕方の割引販売を伝えたい

There'll [There will] be ～。（これから～があります。）

夕方になると食品にシールが貼られ、値段が安くなることを伝えます。

Track 131

Just for your information, there'll be a discount on the items here starting from 5 p.m.

（ご参考までに、午後5時からここの商品は割引になります。）

Oh, that's good to know! Thanks for the tip. I'll come back later.

（え、それは耳寄りですね！いい情報をありがとう。後で戻ってきます。）

They put stickers on the products that are being discounted.

（割引中の商品にはシールが貼られます。）

OK, I'll look out for them. Thanks for letting me know!

（わかりました、注意して見てみます。教えてくれてありがとう！）

Words and Phrases

- [ ] **discount** 名 割引、値引き
- [ ] **starting from ～** ～から
- [ ] **later** 副 後で
- [ ] **look out for ～** ～に気を配る、～を注意して探す
- [ ] **item** 名 品物、商品
- [ ] **tip** 名 情報、有益な助言
- [ ] **sticker** 名 シール

There'll [There will] be ～.

Track 132

存在を表す **There is [are]** ～（～がある ※ **Scene 22**参照）の **be 動詞**が **will be** になったことで、「（これから）～がある」と未来について述べる文になります。**a discount on** ～は「～の割引」の意味です。

① **There'll be** a welcome party next Friday.
（来週の金曜日に歓迎会があります。）

② **There'll be** a test tomorrow.
（明日はテストがあります。）

③ **There'll be** a meeting at 10 a.m. tomorrow.
（明日は午前10時から会議があります。）

④ **There'll be** a full moon tonight.
（今夜は満月ですよ。）

⑤ **There'll be** live music at the restaurant tonight.
（今夜はレストランで生演奏があります。）

💡 単語・フレーズ解説

✦ just for your information

「ご参考までに」と伝えたいときには、just for your information と言います。just（単に、ちょっと）は省略できますが、付けたほうがやや控えめな言い方になります。略語は JFYI（または FYI）と書き表します。
その他には「BTW（by the way）＝ところで」「IMO（in my opinion）＝私の意見では」「IMHO（in my humble opinion）＝私のつたない意見としては」なども覚えておくと便利です。

✦ the products that are being discounted

関係代名詞 that 以下が products（商品）を修飾しています。〈現在進行形＋受け身〉で表現された are being discounted は「いま割引されている」ということで、全体を訳すと「割引中の商品」という意味です。

国内編

9
ス
ー
パ
ー
・
観
光
地

167

Scene
63

トイレ①
行き方を伝える

outside 〜／inside 〜（〜の外に／〜の中に）

トイレの場所を聞かれたので、店の外にあることを伝えます。

Track 133

Excuse me. Do you know where the restroom is?

（すみません。トイレがどこにあるかご存じですか？）

The restroom is outside the shop. Go out of the exit, turn left, and continue straight.

（トイレは店の外にあります。出口を出て左に曲がり、まっすぐ進んでください。）

Thank you for the directions. Is it far from here?

（道案内ありがとうございます。ここから遠いですか？）

No, it's a short walk. There's a restroom sign, so you can't miss it.

（いいえ、歩いてすぐです。トイレの標識があるのですぐにわかりますよ。）

Words and Phrases

- [ ] **restroom** 名（公共の場所の）トイレ 🔛 家庭のトイレは **bathroom**
- [ ] **go out of 〜** 〜から出る
- [ ] **exit** 名 出口
- [ ] **turn left** 左に曲がる
- [ ] **continue straight** まっすぐ進む
- [ ] **directions** 名 道順、指示
- [ ] **far from 〜** 〜から遠い
- [ ] **a short walk** 短い徒歩（＝歩いてすぐの距離）

outside ～ / inside ～

outside ～（～の外に）と inside ～（～の中に）はセットで覚えておき
ましょう。

① The taxi stand is **outside the station**.
（タクシー乗り場は駅の外にあります。）

② There's a beautiful garden **outside the castle**.
（城の外に美しい庭があります。）

③ The ATM is **inside the bank**.
（ATMは銀行の中にあります。）

④ There are some cafes **inside the mall**.
（ショッピングモールの中にいくつかカフェがあります。）

⑤ Haneda is in Tokyo, while Narita is **outside Tokyo**.
（羽田は東京都内に、成田は東京都外にあります。）

単語・フレーズ解説

✦ **Do you know where ～ is?**

〈where ＋主語＋動詞〉の語順で「～がどこにあるか」という名詞
節になります。Where is the restroom?（トイレはどこですか？）
とストレートに聞くより、Do you know where the restroom
is?（トイレがどこにあるかご存じですか？）と尋ねるほうが遠回
しで丁寧です。

✦ **You can't miss it.**

miss は「～を見逃す」という意味の動詞で、You can't miss it.
は直訳すれば「あなたはそれを見逃すはずありません。」、つまり
「すぐにわかりますよ。」という表現になります。道案内で定番の
フレーズです。
その他には Don't miss it! は「お見逃しなく！」という意味で、
映画やテレビ番組の宣伝や予告でよく使われています。

国内編

9
スーパー・観光地

Scene 64

トイレ②
一番近いトイレはどこ？

最上級＋名詞（最も～な〇〇）

一番近いトイレの場所を聞かれたので、道順を伝えます。

Track 135

Excuse me. Do you know where the nearest restroom is?

（すみません。一番近いトイレはどこかご存じですか？）

The nearest restroom is <u>in the corner</u> on this floor, near the elevator.

（一番近いトイレはこの階の隅、エレベーターの近くにあります。）

Thank you! I appreciate your help.

（ありがとうございます！ 助かりました。）

You're welcome! See that restroom sign? <u>Follow that, and you'll</u> find it easily.

（どういたしまして！ あのトイレの標識が見えますか？ あれに従っていけばすぐ見つかりますよ。）

Words and Phrases

- [ ] **nearest** 形 near（近い）の最上級、最も近い
- [ ] **restroom** 名 （公共の場所の）トイレ ☞ 家庭のトイレは **bathroom**
- [ ] **corner** 名 隅、角
- [ ] **on this floor** この階で
- [ ] **appreciate** 動 ～を感謝する
- [ ] **sign** 名 しるし、標識
- [ ] **follow** 動 ～について行く

最上級＋名詞

「最も～な○○」と言いたいときは、〈形容詞の最上級＋名詞〉で表します。最上級は比較級（**Scene 20**参照）と同様、1～2音節の形容詞は語尾に **-est**／**-st** を付け、3音節以上の形容詞は前に **most** を付けます。形容詞を覚えるときは比較級や最上級の形もセットで覚えましょう！

※1音節＝1音で発音されるまとまり

① What is **the nearest station** to your office?
（あなたのオフィスの最寄り駅は？）

② This is **the best wine** I've ever had!
（これは今まで飲んだ中で最高のワインです！）

③ This is **the most exciting movie** I've seen this year.
（これは今年観た中で一番面白い映画です。）

④ I visited Horyuji, one of **the oldest temples** in Japan.
（日本最古の寺の1つ、法隆寺を訪れました。）

単語・フレーズ解説

✦ **in the corner**

建物内で「～の隅に」という場合は <u>in</u> the corner of ～、屋外で「～の角に」という場合は <u>at</u> the corner of ～と言います。

例 The cupboard is <u>in the corner</u> of the living room.
（食器棚はリビングの隅にあります。）

例 The shop is <u>at the corner</u> of Fifth Avenue and Main Street.
（その店は5番街とメインストリートの角にあります。）

✦ **Follow that, and you'll ...**

「命令文（動詞で始める文）, <u>and</u> ...」で「～しなさい、そうすれば…」、「命令文, <u>or</u> …」で「～しなさい、さもないと…」という意味の違いがあります。

例 Hurry up, <u>and</u> you'll catch the train. （急げば電車に間に合うよ。）

例 Hurry up, <u>or</u> you'll miss the train.（急がないと電車に乗り遅れるよ。）

国内編

9
スーパー・観光地

171

Scene 65 座席が空いているか尋ねる

Do you mind if I …?（…したら気にしますか？/嫌ですか？）

スタジアムで空いている席に座ってもいいか尋ねます。

Track 137

Do you mind if I sit here?

（ここに座っても構いませんか？）

Not at all! Feel free.

（いいですよ！ 遠慮なくどうぞ。）

Thank you. By the way, which team are you rooting for?

（ありがとうございます。ところで、どちらのチームを応援されていますか？）

I'm actually a fan of Team A. How about you?

（実はAチームのファンなんです。あなたは？）

Words and Phrases

☐ **feel free** 遠慮しない、気兼ねしない
☐ **by the way** ところで
☐ **root for ～** （チームや選手を）応援する
☐ **actually** 副 実は
☐ **How about you?** あなたはどうですか？

Do you mind if I ... ?

Track 138

直訳すると「私が…したら気にしますか？（嫌ですか？）」という意味です。日本語では「…してもいいですか？」と訳されることが多いため、「いいですよ」と言うつもりで **Yes** と言わないよう注意！ **mind**（気にする）に対して「気にしません＝ **No**、嫌です＝ **Yes**」になります。

① **Do you mind if I** close the window?（窓を閉めても構いませんか？）

② **Do you mind if I** turn off the lights?（電気を消しても構いませんか？）

③ **Do you mind if I** bring a friend to the party?
（パーティーに友達を連れてきても構いませんか？）

④ **Do you mind if I** eat the last piece of cake?
（最後のケーキを食べても構いませんか？）

単語・フレーズ解説

✦ **Not at all!**

Do you mind ～?（～は気にしますか？）への返答例を覚えておきましょう。

快諾する場合

Not at all. / **No problem.**（問題ありませんよ。）

Sure. / **OK.**（いいですよ。）

Please do. / **Go ahead.** / **Feel free.**（どうぞそうしてください。）

困る場合

Actually, that seat is taken.（実は、その席は座る人がいるんです。）

Sorry, I'm saving this seat.（すみません、この席は取っているんです。）

✦ **a fan of ～**

「～のファン」という意味ですが、人だけでなく物に対しても使えるフレーズです。

例 I'm **a big fan of** Italian food.（イタリア料理が大好きなんです。）

例 I'm **not a fan of** horror movies.
（ホラー映画は好きじゃないんです。）

Scene
66

試合前に隣の人と雑談する

This is my first time ...ing [to ...].
（…するのはこれが初めてです。）

試合を現地で見るのは今回が初めてだと伝えます。

Track 139

I'm a big fan of Team B. This is my first time being at one of their games.

（私はBチームの大ファンなんです。彼らの試合を見に来たのは初めてです。）

That's great! I hope you have a fantastic time.

（それはいいですね！素敵な時間を過ごせるといいですね。）

The atmosphere at the stadium is so electric! I'm already excited.

（スタジアムの雰囲気はとても活気がありますね！もうワクワクしています。）

Cool. I'm sure you'll have an amazing time!

（いいね。きっと素晴らしい時間を過ごせますよ！）

Words and Phrases

☐ **a big fan of ～**　～の大ファン、～が大好きな人
☐ **fantastic** 形 素晴らしい、夢のような
☐ **atmosphere** 名 空気、雰囲気　　☐ **stadium** 名 スタジアム、競技場
☐ **electric** 形（会場などが）熱狂的な、刺激的な
☐ **already** 副 既に　　☐ **amazing** 形 驚くほど素晴らしい

This is my first time ... ing [to ...].

This is my first time（私はこれが初めてです）に「…するのは」という
情報を加えたいときは、動名詞または **to** 不定詞でつなぎましょう。
...ing は口語的で、**to** 不定詞はよりフォーマルな言い方です。

① **This is my first time eating** frog legs.
（カエルの足を食べるのは初めてです。）

② **This is my first time visiting** Turkey.
（トルコを訪れるのは初めてです。）

③ **This is my first time watching** Kabuki.
（歌舞伎を見るのは初めてです。）

④ **This is my first time to drive** in a foreign country.
（外国で車を運転するのは初めてです。）

⑤ **This is my first time to see** him in person.
（彼に直接会うのは初めてです。） ※ in person：じかに、生で

単語・フレーズ解説

✦ **I hope（that）～.**

hope（～を望む、～を願う）を使って I hope（that）～と文を続
ける場合は、動詞の現在形か助動詞 will や can を使うことが多い
です。

　例 **I hope** you like it.
（気に入ってもらえるといいのですが。）

　例 **I hope** you can come to the party.
（あなたがパーティーに来られるといいな。）

✦ **I'm sure you'll ....**

I'm sure は「確信している」なので、I'm sure you'll .... は「あな
たはきっと…するだろう。」というニュアンスになります。

　例 **I'm sure you'll** do great.
（あなたならきっとうまくやれますよ。）

国
内
編

9
ス
ー
パ
ー
・
観
光
地

175

Scene 67 観光客の写真撮影を申し出る

Shall I ...? (…しましょうか？)

自撮りで写真を撮ろうとしている家族がいたので、撮影を申し出ます。

Shall I take a photo for you?

（写真を撮りましょうか？）

Sure, that would be great!

（ええ、それは嬉しいです！）

Do you want the Tokyo Skytree in the photo?

（写真に東京スカイツリーを入れたいですか？）

Yes, please. That would make the photo even better. Thank you!

（ええ、お願いします。さらにいい写真になりますね。ありがとう！）

Words and Phrases

- [ ] **That would be great!** （そうしてくれたら）嬉しいです！
  - 🖐 **Scene 24** のキーフレーズ参照
- [ ] **even** 副（比較級を強調して）さらに
- [ ] **better** 形 より良い、good の比較級

Shall I ... ?

Track
142

「…しましょうか？」と何かを申し出るときのフレーズです。音が連結して［シャライ］と発音しているように聞こえます。

① **Shall I** take you to the station?（駅までお送りしましょうか？）

※take［人］to ～：［人］を～に連れて行く

② **Shall I** get you something to drink?
（何か飲み物を持ってきましょうか？）

③ **Shall I** take a message?
（伝言をお預かりしましょうか？）

④ **Shall I** have her call you back?
（彼女に電話をかけ直させましょうか？）

⑤ **Shall I** show you around the city?（市内を案内しましょうか？）

※show［人］around～：［人］に～を案内する

💡 単語・フレーズ解説

✦ **Do you want ～ in the photo?**

「写真に～を入れたいですか？」と聞きたいときは「Do you want ～（～がほしいですか）＋ in the photo?（写真の中に）」と言うといいでしょう。

例 **Do you want** that poster **in the photo?**
（あのポスターを写真に入れたいですか？）

✦ **That would make the photo even better.**

would（…だろう）という仮定法の文で、直訳すると「写真にスカイツリーを入れること（＝ That）は写真をさらに良くするだろう」という意味になります。

例 **That would make the photo** even more Instagrammable.
（そうすれば、よりインスタ映えする写真になりますね。）

※Instagram（インスタグラム）＋（m)able（～に適する）：インスタ映えする

Scene 68

撮影禁止の場所を伝える

I'm afraid ～ is [are] ＋過去分詞.
（あいにく～は…されています。）

写真を撮ってあげた後、建物内は写真撮影不可であることを伝えます。 Track 143

Say cheese! Please check the photos just in case.

（はい、チーズ！ 念のため写真をご確認ください。）

They're perfect. Thanks! Can we also take photos inside this building?

（完璧です。ありがとう！ 建物の中でも写真を撮れますか？）

I'm afraid photos are prohibited inside. However, there's a photo area in front of it.

（あいにく館内は撮影禁止です。でも、建物の前には写真撮影エリアがありますよ。）

Oh, I didn't know that. Thanks for letting me know.

（ああ、それは知りませんでした。教えてくれてありがとう。）

Words and Phrases

- [ ] **Say cheese!** はい、チーズ！
- [ ] **perfect** 形 完璧な
- [ ] **inside** 前 中に、中で 副 中に、中で
- [ ] **in front of ～** ～の前に
- [ ] **check** 動 ～を確認する
- [ ] **prohibit** 動 ～を禁止する

I'm afraid 〜 is [are] ＋過去分詞.

I'm afraid 〜 は「あいにく〜です、申し訳ありませんが〜」という意味で、続く〈be動詞＋過去分詞〉は「…される」という受け身の文を作ります。

① **I'm afraid** tickets **are sold out**.
（あいにくチケットは完売です。）　※sell out：〜を売りつくす

② **I'm afraid** the copier **is broken**.
（あいにくコピー機は故障しています。）　※copier：コピー機

③ **I'm afraid** the package **is damaged**.
（あいにく荷物が破損しています。）

④ **I'm afraid** the trains **are delayed**.
（あいにく電車が遅れています。）　※delay：〜を遅らせる

⑤ **I'm afraid** the cafe **is closed** today.
（あいにく今日カフェは閉まっています。）

単語・フレーズ解説

✦ just in case

「念のため、もしもの場合に備えて」という意味の定番フレーズで、後ろに文を続けることもあります。

例 I'll bring my umbrella just in case it rains.
（雨が降ったときのために傘を持って行くよ。）

✦ Can we …?

「私たちは…できますか?」という意味のフレーズです。Can I ...? ではなく Can we ...? にすることで、相手も巻き込んだ言い方になります。

例 **Can we** be friends? （私たち、友達になれるかな?）

例 **Can we** have a rain check? （またの機会にできますか?）
※rain check：(中止になったときに受け取る)雨天順延券、またの機会

国内編

9
スーパー・観光地

1 聞き取りにチャレンジ！

次の会話文を聞き取り、空欄に入る単語を記入しましょう。

Q 01
A：Do you know where ?
B：The restroom is outside the shop.

◇ヒント 語順に注意！（Scene 63）

Q 02
A：Do you mind if I sit here?
B： ! Feel free.

◇ヒント 「全くそんなことありません」（Scene 65）

Q 03
A：The is in the corner on this floor.
B：Thank you!

◇ヒント 「一番近いトイレ」（Scene 64）

Q 04
A：Could you tell me a plastic bag?
B：There's an extra charge for plastic bags.

◇ヒント 「もらえるかどうか」（Scene 61）

Q 05
A： you have a fantastic time watching the game.
B：Thanks. I'm already excited!

◇ヒント 「〜を望む、〜だといいな」（Scene 66）

Q 06
A：Please check the photos .
B：They're perfect. Thanks!

◇ヒント 「念のため」（Scene 68）

Q 07
A：Do you want the Tokyo Skytree ?
B：Yes, please. Thanks!

◇ヒント 「写真の中に」（Scene 67）

空欄に入る単語を記入し、キーフレーズを完成させましょう。

Q 01
パーティーに友達を連れてきても構いませんか？

　　　　　　　　　I bring a friend to the party?

≫ヒント 「…したら気にしますか？（嫌ですか？）」(Scene 65)

Q 02
今夜は満月ですよ。

There' ll 　　　 a full moon tonight.

≫ヒント これから存在する (Scene 62)

Q 03
ATM は銀行の中にあります。

The ATM is 　　　　　 the bank.

≫ヒント 反対語は outside (Scene 63)

Q 04
伝言をお預かりしましょうか？

　　　　　　　　　take a message?

≫ヒント 「…しましょうか？」という申し出 (Scene 67)

Q 05
新幹線が予定通り動いているか知ってる？

　　　　　　　　　　　the shinkansen is running on schedule?

≫ヒント 「～かどうか知ってる？」(Scene 61)

Q 06
外国で車を運転するのは初めてです。

　　　　　　　　　　　to drive in a foreign country.

≫ヒント 直訳「これは私の初回です」(Scene 66)

Q 07
これは今まで飲んだ中で最高のワインです！

This is 　　　　　 wine I've ever had!

≫ヒント good の最上級 (Scene 64)

Q 08
あいにくチケットは完売です。

　　　　　　　tickets are sold out.

≫ヒント 「あいにく～です、申し訳ありませんが～」(Scene 68)

国内編

9 スーパー・観光地

英語日記で
アウトプット練習

Step 5で「日常にまつわる語彙を増やす」大切さを紹介しましたが、そのために「英語日記」はとても有効です。日常にまつわることを英語で書きためていけば、**自分だけのオリジナル英文フレーズ集**の完成です！

私自身も第1子が生まれてから2年ほど英語日記とオンライン英会話を継続しましたが、「日常にまつわるあれこれを英辞郎や Google を駆使して英作文し、手帳にメモ」→「調べた語彙や作った英文をオンライン英会話ですぐに使う」ことで相乗効果を得られました。

子どもが幼い頃は育児ストレスがたまりがちでした。地面にひっくり返って駄々をこねているわが子を見ながら、ふと英辞郎で「魔の2歳児」を検索したことがあります。すると、出てきたのは "the terrible twos" というそのまんまの英語（笑）。それを今度は " "（半角クォーテーションマーク）でくくって Google 検索してみたら、同じ悩みを持つ世界中の親のブログや知恵袋的な Q&A がヒットしました。そこで共感できそうな記事をいくつか拾い読みすると、"throw a tantrum" というフレーズをちらほら見かけました。それをまた英辞郎で調べると、「〈話〉〔駄々っ子・短気な人などが〕かんしゃくを起こす」とのこと。さっそく手帳にメモして、オンライン英会話のフィリピン人講師（育児の先輩でもあります）との会話で使い、トークが弾んだのでした。

育児に限らず、睡眠不足や時間管理など日常のちょっとした悩み事も、**キーワードをオンライン辞書などで調べ、さらにサイト検索**してみましょう。同じ悩みを持つ英語ネイティブのブログや SNS、ハウツーサイトをチェックすれば、悩み解決とボキャビルが同時にできて一石二鳥！ YouTube で動画を検索するのもお勧めです。今、自分が気になっていることなら頭に入りやすいので、「これは！」と思った単語やフレーズはメモをして、**英会話や SNS でアウトプット**しましょう。

友人との交流

Scene 69

回転寿司店①
お皿の取り方
You can ...。(…してもいいよ。)

回転寿司店での寿司の取り方、お皿の片づけ方を伝えます。

Track 146

You can take any sushi from the conveyor belt or <u>order what you want using this touch panel.</u>

（寿司はベルトコンベアから取るか、タッチパネルを使って
ほしい物を注文できるよ。）

Great! Such a variety to choose from!

（いいね！こんなにたくさんの中から選べるなんて！）

Don't put your empty plates back on the conveyor belt. Just stack them on the table.

（空いたお皿はベルトコンベアに戻さないで、テーブルの上
に積み重ねてね。）

<u>Got it.</u> Thanks.

（了解。ありがとう。）

Words and Phrases

- [ ] **take** 動 ～を手に取る
- [ ] **conveyor belt** 名 ベルトコンベア
- [ ] **choose from～** ～の中から選ぶ
- [ ] **stack** 動 ～を積み重ねる
- [ ] **any～** 形 あらゆる～、どの～でも
- [ ] **variety** 名 多様さ、種類
- [ ] **empty** 形 空の

You can … .

can は「…できる（能力・可能性）」のほか、「…してもいい」という許可のニュアンスでもよく使われます。may よりも口語的でフレンドリーな言い方なので、ぜひ覚えておきましょう。

① **You can** eat anything you like.
（何でも好きなものを食べていいよ。）

② **You can** park your car in front of my house.
（私の家の前に車を停めていいよ。）
※park 動：～を駐車させる

③ **You can** count on me.
（私を頼りにしていいよ。）
※count on ～：～を頼りにする

④ **You can** call me anytime you like.
（いつでも電話してね。）

⑤ **You can** take photos here, but no flash, please.
（ここでは写真撮影可能ですが、フラッシュは使わないでください。）

単語・フレーズ解説

+ **order ～ using the touch panel**

using 以下が order を修飾し、「タッチパネルを使って注文する」という意味になります。

例 I baked bread using a bread maker.
（パン焼き器を使ってパンを焼きました。）

例 I practice speaking English using this app.
（このアプリを使って英会話の練習をします。）

+ **Got it.**

I got it. の I を省略した形で、「了解。わかりました。」という意味の定番フレーズです。OK. や Understood./I get it./Noted. なども同じニュアンスでよく使われます。

Scene 70

回転寿司店②
支払い方法
Shall we ...?（一緒に…しましょうか？）

食後にお茶を飲んで、会計を割り勘にします。

Track 148

The green tea is free. Shall I make some for you?

（緑茶は無料だよ。いれてあげようか？）

Yes, please. Thank you.

（うん、お願い。ありがとう。）

Shall we go now? We can split the bill. You don't have to tip in Japanese restaurants.

（そろそろ行こうか？割り勘にできるよ。日本のレストランではチップは要らないんだ。）

Great. I'll keep that in mind.

（そうなんだね。覚えておくよ。）

Words and Phrases

☐ **free** 形 無料の
☐ **Shall I ...?** …しましょうか？
☐ **split** 動 〜を分ける
☐ **tip** 動 チップを払う
☐ **Great.** （あいづち）良かった。それはいいね。了解。

Shall we ... ?

Shall I ... ? は「(私が)…しましょうか？」という申し出です（**Scene 67** キーフレーズ参照）。ここで扱う **Shall we ... ?** は「(一緒に)…しましょうか？」という提案の表現です。

① **Shall we** call it a night?（そろそろお開きにしましょうか？）
　※call it a night：お開きにする

② **Shall we** grab a quick lunch before the show?
　（ショーの前にパパっとランチを済ませましょうか？）

③ **Shall we** get started?（始めましょうか？）

④ **Shall we** discuss this over lunch?
　（ランチをしながらこれについて話し合いましょうか？）

⑤ **Shall we** exchange email addresses?
　（メールアドレスを交換しましょうか？）

単語・フレーズ解説

✦ We can split the bill.

split（～を裂く、～を分ける）と bill（勘定書）を使って、split the bill で「割り勘にする」という意味になります。split it と代名詞 it を用いて言うこともあります。別々に払いたいときは、店員に Can we pay separately?（別々に支払いができますか？）と聞きましょう。
※separately：別々に、個別に

✦ I'll keep that in mind.

keep ～ in mind で「～を覚えておく、～を心に留めておく」という意味です。keep in mind that 主語＋動詞（that 以下のことを覚えておく）という言い方もできます。

　例 Please **keep in mind that** public smoking is banned in Singapore.
　（シンガポールでは公共の場での喫煙が禁止されていることを覚えておいてください。）　※ban：～を禁じる

Scene
71

持ち寄りパーティー①
参加するには？

have (never) been to ~（～に行ったことがあります）

"持ち寄りパーティー"というものに初めて誘われました。
どんな仕組みなのか尋ねます。

Track
150

I'm hosting a potluck party at my place on Saturday evening, and I'd love you to come.

（土曜日の夕方に私の家で持ち寄りパーティーを開くから、
ぜひ来てほしいんだけど。）

That sounds like a lot of fun! I've never been to a potluck before. How does it work?

（楽しそうだね！ 持ち寄りパーティーには一度も参加したこ
とがないんだ。どういう仕組みなの？）

It's really simple. Each person brings a dish or food item to share with everyone.

（本当にシンプルよ。各自が料理や食べ物を持ち寄ってみん
なでシェアするの。）

Words and Phrases

☐ **host** 動～を主催する ☐ **potluck party** 名持ち寄りパーティー

☐ **sound like ~** ～のように聞こえる 甸～には名詞が入ります

☐ **work** 動働く、機能する ☐ **simple** 形簡単な、シンプルな

☐ **food item** 名食品

☐ **share** 動～を分け合う、～を一緒に食べる

have (never) been to ～

have <u>been</u> to ～ (～に行ったことがある、直訳：～にいたことがある)
は現在完了〈経験〉の文です。**have <u>gone</u> to** ～にすると、「～に行って
しまった (今はいない)」という現在完了〈完了〉の意味になるので注意
しましょう。**never** は「一度も～ない」ことを表します。

① I**'ve** never **been to** Australia.
（オーストラリアには一度も行ったことがありません。）

② **Have** you ever **been to** India?
（インドに行ったことはありますか？） ※ever：一度でも

③ I**'ve been to** the Philippines on business.
（仕事でフィリピンに行ったことがあります。）

④ How many times **have** you **been to** Georgia?
（ジョージアに何回行ったことがありますか？）

⑤ I**'ve been to** the U.K. many times.
（イギリスには何度も行ったことがあります。）

単語・フレーズ解説

✦ I'm hosting ～ on Saturday evening.

I'm hosting ～は現在進行形ですが、「土曜日の午後」という未来
を表す語句があるため、これからの予定を表します。be going
to ... とほぼ同じニュアンスですが、既に具体的に決まっている
ことや、すぐそこに迫っている予定はこのように現在進行形で
表すことが多いです。

例 **What <u>are</u> you <u>doing</u>** this weekend? （今週末は何をするの？）

✦ each person

each (それぞれの) は個々を指す形容詞で、後ろに続く名詞は単
数形になります。every (全ての、あらゆる) も個々を指しつつ
全体を表す単語なので、単数形の名詞が続きます。

例 **each <u>day</u>, every <u>day</u>** （毎日）

国内編

10
友人との交流

Scene 72

持ち寄りパーティー②
何を持っていく？

How about ... ing [名詞]? (～はどうですか？)

何を持って行けばいいかわからないので、友人に聞いてみます。

Track 152

Count me in! What can I bring?

（参加させて！ 何を持って行けばいいかな？）

Anything is OK. How about bringing a side dish or a salad?

（何でもいいよ。おかずかサラダはどう？）

Sure! I'll bring a delicious Japanese-style salad.

（わかった！おいしい和風サラダを持って行くね。）

Wonderful. I'm sure everyone will love it.

（それはいいね。みんな喜ぶと思うよ。）

Words and Phrases

- [ ] **bring** 動 ～を持って行く、（相手のところへ）～を持ってくる
- [ ] **anything** 代 どんなものでも
- [ ] **a side dish** 名 おかず1種（1皿）
- [ ] **Japanese-style** 形 和風の
- [ ] **I'm sure ～.** きっと～に違いない。

How about …ing［名詞］?

How about 〜?（〜はどうですか？）は提案するときに便利なフレーズです。about の後ろには動名詞か名詞が続くことが多いですが、主語と動詞を使った文が続くこともあります。

① **How about** a lunch meeting?
（ランチミーティングはどう？）

② **How about** Friday at noon?
（金曜日の正午はどう？）

③ **How about** meeting at the restaurant at noon?
（レストランで正午に会うのはどう？）
※場所→時間の順で言うのが一般的

④ **How about** a drink?
（一杯どう？）

⑤ **How about** we go on a trip to Atami?
（熱海に旅行に行くのはどう？）

単語・フレーズ解説

✦ **Count me in!**

何かに加わりたいときには Count me in!（私も仲間に入れて！私も参加させて！）と言ってみましょう。直訳は「私も数に入れて」という意味です。「私たちも入れて」と言いたいときは Count us in! になります。

✦ **Anything is OK.**

「何でもいいよ」というときの定番フレーズです。次のような類似フレーズも覚えておくと便利です。

　例 **Either is OK.**（どちらでもいいよ。）
　Anytime is OK.（いつでもいいよ。）
　Anywhere is OK.（どこでもいいよ。）

国内編

10 友人との交流

Scene 73

持ち寄りパーティー③
到着！

go well with ～（～とよく合います）

パーティー当日、持参したサラダとワインをホスト役の友人に渡します。

Track 154

Thanks for having me tonight. Your place looks lovely!

（今夜はお招きいただきありがとう。素敵な家だね！）

Thank you! Come on in, and <u>make yourself comfortable.</u>

（ありがとう！ どうぞ中へ入って、くつろいでね。）

Here's my salad, and I've also <u>brought</u> a bottle of wine.

（これが私のサラダで、あとワインも1本持ってきたよ。）

Thank you! It looks delicious and <u>the wine will go well with the rest of the food!</u>

（ありがとう！ 美味しそうだし、ワインは他の料理によく合いそう！）

Words and Phrases

- [ ] **Thanks for having me.** お招きくださってありがとう。
- [ ] **look** 動 ～のように見える　[ ] **lovely** 形 素敵な
- [ ] **Come on in.** 中に入って。
- [ ] **bring** 動 ～を持って行く、（相手のところへ）～を持ってくる
- [ ] **delicious** 形 美味しい　[ ] **the rest of ～** ～の他の部分、残りの～

go well with ～

go well with ～は「～とよく合う」という意味で、食べ物はもちろん、洋服のコーディネートや風景に対しても使えます。

① Edamame **goes well with** beer.
（枝豆はビールによく合います。）

② That tie **will go well with** your black suit.
（あのネクタイはあなたの黒いスーツによく合いそう。）

③ The white building **goes well with** the ocean.
（あの白い建物は海とよく合っています。）

④ I didn't know hojicha **goes well with** chocolate.
（ほうじ茶がチョコレートと合うなんて知りませんでした。）

⑤ Anything **will go well with** this skirt.
（このスカートには何でも合うでしょう。）

💡 単語・フレーズ解説

✦ make oneself comfortable

make ＋［人］＋［状態］で「［人］を［状態］にする」という意味です。**Make yourself comfortable.** は直訳で「あなたを快適な状態にして。」つまりは「くつろいでね。」ということです。**Make yourself at home.** ＝「（自分の家にいるときのように）くつろいでね。」と言うこともあります。

✦ I've brought ～.

I've［I have］brought ～. は現在完了の文で「～を（たった今）持ってきたよ。」という意味です。

例 I've brought you some cookies.
（クッキーを持ってきたよ。）

例 I've brought my umbrella just in case.
（念のため傘を持ってきました。）
※ just in case：念のため

Scene **74**

持ち寄りパーティー④
飲み物でスタート

It'd be a great help if you could ....（もし…してくれたらとても助かります。）

持ち寄りパーティーにて、何か手伝うことはないかと申し出ます。

Track 156

Is there anything I can do to help?

（何か手伝えることはある？）

Actually, yes. It'd be a great help if you could arrange the beverages nicely on the counter for me.

（実はあるの。カウンターの上に飲み物をきれいに並べてもらえるとすごく助かるんだけど。）

Sure! I'll take care of that. Is there anything else I can help you with?

（いいよ！ 任せて。他に何か手伝えることはある？）

We're all set. Please mingle with the other guests and enjoy yourself!

（もう準備はできたよ。他のゲストと交流して楽しんで！）

Words and Phrases

- [ ] **anything** 代 どんなものでも、1つでも
- [ ] **arrange** 動 ～をきちんと並べる
- [ ] **beverage** 名 飲み物
- [ ] **nicely** 副 上手に、うまく　形 nice（良い、素敵な）＋ ly（副詞を作る接尾辞）
- [ ] **set** 形 用意ができて　　　　　[ ] **mingle with ～** ～と交流する

It'd be a great help if you could … .

Track 157

It'd [It would] be a great help は「とても助かるでしょう」、続く **if you could** … は「もしあなたが…してくれたら」です。丁寧に依頼したいときに便利な仮定法の文です。

① **It'd be a great help if you could** give me a hand.
（手を貸していただけたらとても助かります。）

② **It'd be a great help if you could** organize this data.
（このデータを整理してもらえたらとても助かります。）

③ **It'd be a great help if you could** give me some advice.
（アドバイスいただけるととても助かります。）

④ **It'd be a great help if you could** give me feedback on this.
（これについて意見をいただけたらとても助かります。）
※feedback：意見、フィードバック

単語・フレーズ解説

✦ Is there anything 〜 ?

Is there anything (that) I can do to help? は関係代名詞 that が省略された文で、(that) I can do to help（私に手伝える）が anything を修飾しています。

　例 **Is there anything** (that) you can't eat?
　（何か食べられないものはありますか？）

✦ I'll take care of that.

take care of 〜 は「〜の世話をする」のほか、「〜を引き受ける、〜に対処する」という意味もあります。

　例 **Could you take care of** the hotel reservation?
　（ホテルの予約をお願いできますか？）

　例 **I've already taken care of** it.
　（それはもう対処済みです。）

国内編

10
友人との交流

195

Scene 75

持ち寄りパーティー⑤
楽しい時間

mean(s) ~ to me（私にとって～の意味［価値］があります）

持ち寄りパーティーがとても楽しかったので、帰り際に感謝の気持ち
を伝えます。

Track 158

The food was amazing, and I had a wonderful time chatting with everyone.

（料理は素晴らしかったし、みんなとおしゃべりできて楽しかったよ。）

Thank you for saying so! That means a lot to me.

（そう言ってくれてありがとう！ すごく嬉しい。）

Thanks again for everything. Good night!

（いろいろと本当にありがとう。おやすみなさい！）

Stay safe going home. Hope to see you soon!

（気をつけて帰ってね。近いうちにまた会おうね！）

Words and Phrases

☐ **amazing** 形 驚くほど素晴らしい
☐ **chat** 動 おしゃべりする
☐ **mean** 動 ～を意味する、～の意味がある
☐ **stay** 動 ～のままでいる
☐ **safe** 形 安全な　　　　　☐ **hope** 動 望む、希望する

Key Phrase

mean(s) ～ to me

Track 159

mean は「(物事が)～を意味する」のほか、「(人にとって)～の意味 [価値] がある」という意味でもよく使われます。**That means a lot to me.**(それは私にとって多くの意味 [価値] があります。)とは、「私にとってそれは本当に嬉しいことです。」というニュアンスです。

① Your compliment **means a lot to me**.
(あなたからのほめ言葉は本当に嬉しいです。)　※compliment：ほめ言葉

② Money doesn't **mean much to me**.
(私にとってお金はそれほど重要ではありません。)

③ My children **mean everything to me**.
(子どもたちは私にとって全てです。)

④ My career **means the world to me**.
(私のキャリアは私にとって世界そのもの〈とても重要なもの〉です。)

⑤ The past doesn't **mean much to me**.
(過去は私にとってはそれほど意味がありません。)

💡 単語・フレーズ解説

✦ have a wonderful time chatting

have a wonderful time ...ing で「…して素晴らしい時間を過ごす」という意味になります。
wonderful の代わりに別の形容詞を使うこともできます。

形容詞の例 great, amazing (素晴らしい)、lovely (素敵な)、
delightful, enjoyable (楽しい)、good (よい)

例 I had a wonderful time meeting new people.
(新しい人たちとの出会いがあり、素晴らしい時間を過ごしました。)

✦ Stay safe going home.

「Stay safe (安全でいてね) + going home (帰宅中に)」という表現は、「気をつけて帰ってね」という意味になります。似た表現で Have a safe trip home. や Take care on your way home. などもよく使われます。

国内編

10
友人との交流

197

Scene **76**

持ち寄りパーティー⑥
ごみの分別について教える

助動詞＋be＋過去分詞（受け身）

日本に住み始めて間もない友人に、ごみの分別について説明します。

Track 160

Could you tell me how to throw away the garbage?

（ごみの捨て方を教えてもらえる？）

Sure. The garbage must be separated into burnable, plastic, and recyclable items.

（もちろん。ごみは、可燃ごみ、プラスチック類、リサイクルできるごみに分けなければならないよ。）

Got it. Thanks.

（了解。ありがとう。）

Burnable trash is collected on Mondays and Thursdays, and plastic on Fridays.

（可燃ごみは月曜日と木曜日、プラスチックは金曜日に収集されるよ。）

Words and Phrases

☐ **how to ...** …の仕方 🕮 Scene 46 のキーフレーズ参照
☐ **garbage** 名 ごみ ☐ **burnable** 形 燃やすことのできる
☐ **recyclable** 形 リサイクル可能な
　 🕮 **recycle**（〜を再利用する）＋ **able**（できる）
☐ **trash** 名 ごみ ☐ **collect** 動 〜を集める

助動詞＋ be ＋過去分詞（受け身）

must（…しなければならない）と 受け身の be separated（分類される）を組み合わせた表現で、The garbage <u>must be separated</u>（ごみは分類されなければならない）という意味になります。助動詞を入れ替えて応用しましょう。

① Rules **should be followed**.

（ルールは守られるべきです。）

② The cake **must be eaten** today.

（ケーキは今日食べないといけません。）

③ The test **can be taken** online.

（そのテストはオンラインで受けられます。）

④ Your watch **will be repaired** in a week.

（あなたの時計は1週間で修理されるでしょう。）

⑤ The assignment **must be submitted** by Friday.

（課題は金曜日までに提出しなければなりません。）

単語・フレーズ解説

✦ **throw away 〜**

throw（〜を投げる）＋ away（離れて）で「〜を（投げ）捨てる」という意味です。

　　例 Don't <u>throw away</u> that container. We can recycle it.

　　（その容器は捨てないで。リサイクルできるから。）

✦ **on Mondays and Thursdays / on Fridays**

on ＋曜日（○曜日に）はよく使う表現です。曜日を複数形にすると「毎週」という繰り返しを表しますが、文脈によっては複数形にしなくても「毎週」という意味になることがあります。

　　例 <u>on Monday mornings</u>（毎週月曜の朝に）

　　例 I go to the gym <u>on Monday, Wednesday and Friday mornings</u>.

　　（私は毎週月曜、水曜、金曜の朝にジムに行きます。）

国内編

10 友人との交流

1 聞き取りにチャレンジ！

次の会話文を聞き取り、空欄に入る単語を記入しましょう。

Q01

A : Thanks for _____ tonight. Your place looks lovely!

B : Thank you! Come on in.

❀ヒント 「私を招いてくれたこと」(Scene 73)

Q02

A : I had a wonderful time chatting with everyone.

B : Thank you for saying so! That _____ to me.　❀ヒント 直訳「多くの意味がある」(Scene 75)

Q03

A : Count me in! What can I bring?

B : _____ .　❀ヒント 「何でもいいよ」(Scene 72)

Q04

A : You don't have to tip in Japanese restaurants.

B : Great. I'll _____ .

❀ヒント 「覚えておく、心に留めておく」(Scene 70)

Q05

A : Is there anything _____ to help?

B : Yes, could you arrange the beverages nicely on the counter?　❀ヒント 「私にできる」(Scene 74)

Q06

A : I'd love _____ to a potluck party on Saturday evening.

B : Sounds like a lot of fun!

❀ヒント 「あなたに来てほしい」(Scene 71)

Q07

A : Could you tell me how to throw away the garbage?

B : Sure. The garbage _____ into burnable items and plastics.

❀ヒント 助動詞＋受け身 (Scene 76)

空欄に入る単語を記入し、キーフレーズを完成させましょう。

Q 01

何でも好きなものを食べていいよ。

_____ eat anything you like.

▷ヒント 「…してもいい」のフレンドリーな言い方 (Scene 69)

Q 02

このデータを整理してもらえたらとても助かります。

It'd be _____ if you could organize this data.

▷ヒント 「大きな助け」(Scene 74)

Q 03

レストランで正午に会うのはどう？

_____ meeting at the restaurant at noon?

▷ヒント 「〜はどうですか？」(Scene 72)

Q 04

そのワインは他の料理ととてもよく合いそう。

The wine will _____ the rest of the food.

▷ヒント 「〜とよく合う」(Scene 73)

国内編

Q 05

ルールは守られるべきです。

Rules should _____ .

▷ヒント 受け身＝be動詞＋過去分詞 (Scene 76)

Q 06

子どもたちは私にとって全てです。

My children _____ to me.

▷ヒント 直訳「全てを意味する」(Scene 75)

Q 07

そろそろお開きにしましょうか？

_____ call it a night?

▷ヒント 「(一緒に)…しましょうか？」(Scene 70)

Q 08

持ち寄りパーティーには一度も参加したことがありません。

I've _____ a potluck before.

▷ヒント 直訳「一度もいたことがない」(Scene 71)

10 友人との交流

Step 10

生の英語を
丸ごとインプット！

　Step 9の「日常にまつわる英作文」に加えて、もう1つ大切なことがあります。それは、「こういう状況ではこれ！」という**鉄板フレーズを丸ごと覚えてストック**すること。

　例えば日本語にも、「お世話になっております」のような、挨拶の定型句として頻繁に使う鉄板フレーズがありますよね。これを**そのまま英訳するのは不可能**です。この場合の「お世話になる」は文字通りの意味（take care of me）ではありません。

●夫の上司や同僚への「いつも夫がお世話になっております」

　英語ではどう言うか？　と考えたときに私が思いついたフレーズは、"Nice to meet you. I've heard a lot about you from my husband."（はじめまして。夫からあなたのお話をたくさん伺っています。）でした。海外ドラマや映画を観ていると、家族や友人、仕事つながりの人との初対面のシーンでは高確率で "I've heard a lot about you from 誰々." または "誰々 has told me a lot about you." というセリフが登場するからです。

●メールの最初に書く「お世話になっております」

　これもまた文字通りの意味ではなく、相手に対する気遣いを表す挨拶ですよね。ネイティブとやり取りしていてよく見かけるフレーズ "I hope this email finds you well." や "I hope all is well with you." が近いのではないでしょうか。

　このような鉄板フレーズは海外に住まないと身につかない……と以前の私は思っていましたが、海外ドラマや映画を数えきれないほど観てきた今、かなりわかるようになりました。ときには**英語音声＋英語字幕**でいろいろな動画を観て、鉄板フレーズをたくさんストックしましょう。

Chapter

11

緊急事態

Scene 77 地震がきたら

be careful of 〜（〜に気をつけて）

強めの地震がきました。震源地などの情報を伝えます。

Track 163

There's been an earthquake.

（地震がありました。）

Yeah, it was quite shaky.

（ええ、かなり揺れましたね。）

It seems the epicenter was in northern Chiba. Please be careful of aftershocks.

（震源地は千葉県北部のようです。余震に気をつけてくださいね。）

Thanks, I will.

（ありがとう、そうします。）

Words and Phrases

- [ ] **earthquake** 名 地震
- [ ] **shaky** 形 揺れる、ぐらぐらした　動 動詞は **shake**
- [ ] **It seems (that)〜.** 〜のようだ。
- [ ] **northern** 形 北部の
- [ ] **quite** 副 かなり、すごく
- [ ] **epicenter** 名 震源地
- [ ] **aftershock** 名 余震

be careful of 〜

Track 164

Be careful.（気をつけて）に **of** 〜を付けると「〜に気をつけて」という意味になります。**of** の後ろは名詞または動名詞が続きます。

① **Be careful of** heatstroke.（熱中症に気をつけて。）
　　※ heatstroke：熱中症

② **Be careful of** what you say.（言葉に気をつけて。）
　　※ what you say：あなたの言うこと、発言

③ **Be careful of** the icy roads.（路面の凍結に気をつけて。）
　　※ icy：凍った

④ **Be careful of** sunburn when you're at the beach.
　　（ビーチにいるときは日焼けに気をつけて。）
　　※ sunburn：（炎症を伴う）日焼け

⑤ **Be careful of** pickpockets in crowded places.
　　（混雑した場所ではスリに気をつけて。）　※ pickpocket：スリ

 単語・フレーズ解説

✦ **There's been an earthquake.**

There's [There has] been 〜. は現在完了で、ここでは「たった今〜があった。」という意味です（**Scene 55** キーフレーズ参照）。earthquake（地震）は可算名詞なので冠詞の an が付きます。口語では quake と言うこともあります。

✦ **I will.**

I will be careful. の be 以下が省略された形で、「そうします。」という意味です。このように同じフレーズは繰り返さないのが一般的です。

　　例 **"Give me a call [ring]." "I will!"**
　　　（「電話してね。」「するよ！」）　※ call [米] ring [英]：電話
　　例 **"Don't be late for the meeting." "I won't!"**
　　　（「会議に遅刻しないでね。」「しないよ！」）

Scene 78 すぐに避難するよう伝える

I'll ... 。(…するよ。)

津波の危険があるため、高所へ避難したほうがいいと伝えます。

Track 165

> **We have to <u>evacuate</u> the building immediately.**

（すぐに建物から避難しなければなりません。）

> **Oh, OK. I'm right behind you.**

（ああ、わかりました。すぐ後について行きます。）

> **There's a risk of a tsunami, so we'll have to go to higher ground and avoid the coast.**

（津波の危険があるので、高台へ移動して海岸を避けなくてはいけません。）

> **Got it. I'll <u>follow</u> you.**

（了解です。あなたについて行きます。）

Words and Phrases

- [ ] **evacuate** 動 避難する
- [ ] **right behind ~** ~のすぐ後ろに
- [ ] **risk** 名 危険
- [ ] **higher** 形 より高い、high（高い）の比較級
- [ ] **avoid** 動 ~を避ける
- [ ] **coast** 名 海岸

I'll … .

既に決めていた予定を話すときの **I'm going to … .** や現在進行形に対して、**I'll … .** は「今（話している最中に）決めたこと」や「意思」を伝えるときに使います。

① **I'll get it.**（私が出るよ。）

※インターホンや電話が鳴って

② **I'll have a cup of coffee, please.**（コーヒーを一杯いただきます。）

③ **I'm on a train now. I'll call you back later.**
（今電車なんだ。後でかけ直すね。）

④ **I'll check my schedule and get back to you.**
（スケジュールを確認してまた連絡するよ。）
※ get back to 〜：〜に改めて連絡する

⑤ **I'll pick you up at the hotel.**（ホテルまで迎えに行くよ。）

単語・フレーズ解説

✦ <u>evacuate</u>

「〜を避難する」という意味の動詞で、名詞は evacuation です。
「避難訓練」は evacuation drill と言います。

例 **We had an <u>evacuation drill</u> at school today.**
（今日は学校で避難訓練がありました。）

✦ <u>follow</u>

「私についてきてください。」と言いたいときは follow 〜（〜について行く）を使って Please <u>follow</u> me. と言います。「（SNS で）フォローする、（人の話に）ついて行く」という意味でも使われます。

例 **Thank you for <u>following</u> me on Instagram.**
（Instagram でフォローしてくれてありがとう。）

例 **Are you <u>following</u> me?**
（話についてきていますか？／ここまでの私の話はわかりましたか？）

国内編

11

緊急事態

Scene 79 気分の悪そうな人がいたら

I'm feeling 〜。(気分が〜です。)

気分の悪そうな人に声をかけ、一番近い病院を案内します。

Are you feeling OK?

（大丈夫ですか？）

No, I'm not feeling very well. I think I need to see a doctor.

（いいえ、あまり気分が良くありません。医師に診てもらう必要があると思います。）

The nearest one will be at QRS Hospital. Shall I call a taxi?

（一番近くの医者ならQRS病院になるでしょう。タクシーを呼びましょうか？）

Yeah, that'd be great. Thanks.

（ええ、助かります。ありがとう。）

Words and Phrases

- [ ] **feel well** 気分が良い、体調が良い
- [ ] **see a doctor** 医者に診てもらう
- [ ] **nearest** 形 最も近い、near（近い）の最上級
- [ ] **hospital** 名 病院
- [ ] **Shall I ...?** …しましょうか？   [ ] **call** 動 〜を呼ぶ、〜に電話する

I'm feeling ～.

気分や体調の良し悪しを伝えるには **I'm feeling well.**（気分 [体調] が良いです。）、または **I'm not feeling (very) well.**（気分 [体調] が（あまり）良くありません。）と言います。〈**I'm feeling ＋形容詞**〉は現在の一時的な気分や体調を表すフレーズです。

① **I'm feeling** down.（落ち込んでいます。）

② **I'm feeling** great.（とてもいい気分です。）

③ **I'm feeling** energetic.（元気いっぱいです。）
   ※energetic：エネルギッシュな

④ **I'm feeling** uncomfortable.（居心地が悪いです。不快です。）
   ※un ＋ comfortable：不快な

⑤ **I'm feeling** stressed.（ストレスを感じています。）
   ※stressed：ストレスを受けた

⑥ **I'm feeling** a bit under the weather.（ちょっと体調がすぐれないんです。）
   ※under the weather：体の具合が悪い（悪天候のときに航海すると船酔いすることに由来）

単語・フレーズ解説

✦ Are you feeling OK?

体調の悪そうな人に「気分は大丈夫ですか？」と声をかけるときの表現です。Are you all right?（大丈夫ですか？）や Is everything OK?（問題ないですか？）もよく使われます。

✦ That'd be great.

That'd [That would] be great. は「（そうしてくれたら・そうなったら）嬉しいです。」という意味です（**Scene 24** のキーフレーズ参照）。会話では That'd と短縮されることが多いので、発音に慣れておきましょう。

   例 **That'd be fun.**（それは楽しそうですね。）

   例 **That'd be a good idea.**（それはいい考えでしょうね。）

国内編

11 緊急事態

Scene 80 ケガをしている人がいたら

~ hurt(s). (～が痛みます。)

ケガをしている人がいたので、声をかけて助けを申し出ます。

Track 169

Are you injured?

（ケガをされているのですか？）

Yes, my right leg hurts. I think it's broken.

（はい、右脚が痛いんです。折れていると思います。）

That's terrible! Do you need an ambulance, or shall I call a taxi?

（それは大変ですね！救急車が必要ですか、それともタクシーを呼びましょうか？）

I think it's better to call an ambulance. It's really painful. Thanks for your help.

（救急車を呼んだほうがいいと思います。本当に痛くて。助けてくれてありがとう。）

Words and Phrases

- [ ] **right leg** 右脚
- [ ] **terrible** 形 ひどい、恐ろしい
- [ ] **Shall I …?** …しましょうか？
- [ ] **help** 名 助け、助力
- [ ] **broken** 形 壊れて、骨折して
- [ ] **ambulance** 名 救急車
- [ ] **painful** 形 痛い、つらい

~ hurt(s).

hurt は「〜が痛む」という意味の動詞です。主語が **my right leg**（右脚）のように単数で、かつ現在形の文のときは、**hurt** に三単現の **s** を付けましょう。

① My stomach **hurts**.（おなかが痛いです。）

② My teeth **hurt** when I eat something cold.
（冷たいものを食べると歯が痛みます。）
※teeth：tooth（歯）の複数形

③ My throat **hurts** when I swallow.（飲み込むと喉が痛いです。）
※swallow：飲み込む

④ My right ankle **hurts**. Maybe I sprained it.
（右の足首が痛いです。くじいたのかも。）
※sprain：〜を捻挫する、〜をくじく

⑤ **Does** it **hurt** when I press here?（ここを押すと痛いですか？）
※press：〜を押す

 単語・フレーズ解説

✦ injured

injure が「〜を傷つける」という意味の動詞なので、injured は「傷つけられた、ケガをした」という形容詞になります。動詞の injure を使って、I injured my finger when I was cooking.（料理しているときに指をケガしてしまった。）と言うこともできます。

✦ I think it's better to ….

I think（that）it's better to …. の接続詞that が省略された形です。it's [it is] better to …（…するほうがいい）の後ろに than to …（…するよりも）を付けることもあります。

> 例 It's better to be late than to be absent.
> （欠席するよりも遅刻するほうがいいです。）
> ※absent：欠席して

国内編

11 緊急事態

▶解答222～223ページ

1 聞き取りにチャレンジ！

Track 171

次の会話文を聞き取り、空欄に入る単語を記入しましょう。

Q 01

A : My right leg ＿＿＿＿＿. I think it's ＿＿＿＿＿.

B : That's terrible! Do you need an ambulance?

✎ヒント 「痛む」「折れている」(Scene 80)

Q 02

A : We have to evacuate the building immediately.

B : Oh, OK. I'm ＿＿＿＿＿ you.

✎ヒント 「～のすぐ後ろに」(Scene 78)

Q 03

A : Please be careful of aftershocks.

B : Thanks, ＿＿＿＿＿. ✎ヒント 「そうするよ」(Scene 77)

2 キーフレーズ穴埋めクイズ

空欄に入る単語を記入し、キーフレーズを完成させましょう。

Q 01

落ち込んでいます。

＿＿＿＿＿ down.

✎ヒント 今の気分＝現在進行形 (Scene 79)

Q 02

今電車なんだ。後でかけ直すね。

I'm on a train now. ＿＿＿＿＿ yor back later.

✎ヒント 今決めたことを伝える (Scene 78)

Q 03

冷たいものを食べると歯が痛みます。

My teeth ＿＿＿＿＿ when I eat ＿＿＿＿＿.

✎ヒント 「痛む」「何か冷たいもの」(Scene 80)

Q 04

言葉に気をつけなさい。

Be careful of ＿＿＿＿＿.

✎ヒント 「あなたが言うこと」(Scene 77)

Step 11

憧れの人の
モノマネをする

　最後に英会話上達のとっておきの方法をお伝えします。それは、**「憧れの人の話し方やしぐさを真似すること」**！

　私はもともと、初対面の人と話したり大勢の人の前で話したりするのは、日本語でも苦手なタイプです（気心の知れた人たちとおしゃべりするのは大好きなのですが……）。それでも仕事上、ネイティブを交えたミーティングで、英語で意見を言わなくてはいけない、自己主張しなくてはいけない場面が多々ありました。

　ちょうどそのころ、海外ドラマでお気に入りのキャラクターはみんな強気で自己主張の強い女性でした。例えば「デスパレートな妻たち」のガブリエルや「アグリー・ベティ」の悪役ウィルミナなどです。「こんな風に英語でまくしたてられたらなぁ」と思い、ときどき英語字幕を見ながらそっくりに言えるようモノマネをしていました。するとだんだん、私が英語を話すときの声が低く落ち着いてきたのです。変な「力み」も抜けて、言葉も以前よりスラスラと出てくるようになりました。その変化に真っ先に気づいてくれたのはアメリカ人の友人で、「話し方が圧倒的に良くなったけど、何かトレーニングしたの!?」と言ってくれました。

　モノマネをするときは音のつながりやリズム、スピードを意識するので、**リスニング力も飛躍的に伸びます**。以前はミーティングで相手の言っていることを聞き取るのに必死でしたが、ある日、ネイティブ同士がボソボソと交わした会話まで理解できたときは感動しました。リスニングに割かれる脳のリソースが減ると、「何を言おうか」と考えながら聞く余裕も生まれました。

　また、別のキャラクターになりきることで**緊張がほぐれ、冷静になれる**のも大きなメリットです。「この人の英語、素敵だな」と思える人を見つけたら、話し方やしぐさを真似してみましょう。そして英会話本番でもその人を演じるつもりで臨めばきっとうまくいきますよ。

Key Phrase 一覧

▶ Scene 01

May I have ～? （～をいただけますか？）

例 <u>May I have</u> another blanket?（毛布をもう1枚いただけますか？）

▶ Scene 02

Could you give me ～? （～をいただけますか？）

例 <u>Could you give me</u> an immigration form?
（入国カードをいただけますか？）

▶ Scene 03

I'm here for ～ / I'm here to …. （～の／…するために来ました。）

例 <u>I'm here for</u> a vacation.（休暇で来ました。）

▶ Scene 04

I'm going to …. （…するつもりです。）

例 <u>I'm going to</u> stay at the ABC Hotel in New York.
（ニューヨークのABCホテルに泊まります。）

▶ Scene 05

I'm a / an ～. （私は～です。）

例 <u>I'm a</u> software engineer.（私はソフトウェア・エンジニアです。）

▶ Scene 06

I did. （私がしました。）

例 Who packed your baggage?（誰が荷造りしましたか？）
<u>I did.</u>（私です。）

▶ Scene 07

疑問詞＋主語＋動詞

例 Could you tell me <u>where the check-in counter for ABC Airlines is</u>?
（ABC航空のチェックインカウンターの場所を教えていただけますか？）

▶ Scene 08

I missed ～. （～を逃しました。）

例 <u>I missed</u> my connecting flight.（乗り継ぎ便に乗り遅れました。）

▶ Scene 09

have [has] been ＋過去分詞 （…されたところです。）

例 My flight <u>has been canceled</u>.（私のフライトがキャンセルされたところです。）

▶ Scene 10

Could you put me on ～? （～に置いて／乗せていただけますか？）

例 <u>Could you put me on</u> another flight?（別の便に乗せていただけますか？）

▶ Scene 11

Here's [Here are]〜.（〜はここにあります。）

例 Here's my claim ticket.（こちらが引換証です。）

▶ Scene 12

As you ...,（あなたが…するとおり）

例 As you can see, the handle is broken.
（ご覧のとおり、取っ手が壊れています。）

▶ Scene 13

About how 〜?（だいたいどれくらい〜？）

例 About how much will it cost?（料金はいくらくらいになりますか？）

▶ Scene 14

sound(s)＋形容詞 / sound(s) like＋名詞

（〜のように聞こえる）

例 $20 to $25 sounds reasonable.（20〜25 ドルは手ごろですね。）

▶ Scene 15

I believe [think] there's [there are]〜.

（〜があると思います。）

例 I believe there's a mistake in the fare.（運賃に間違いがあると思います。）

▶ Scene 16

I'd [I would] like to ....（…したいです。）

例 I'd like to check in.（チェックインしたいのですが。）

▶ Scene 17

Do you have any 〜 available?（〜の空きはありますか？）

例 Do you have any single rooms available for tonight?
（今夜、シングルルームは空いていますか？）

▶ Scene 18

I'm glad 〜 / I'm sorry 〜.（〜でよかったです。/残念です。）

例 I'm glad you like it.（気に入っていただけて嬉しいです。）

▶ Scene 19

Is [Are]〜 included?（〜は含まれていますか？）

例 Is breakfast included?（朝食は含まれていますか？）

▶ Scene 20

比較級＋名詞（もっと〜な○○）

例 Do you have any more reasonably priced rooms?
（もっと手ごろな価格の部屋はありますか？）

▶ Scene 21

I'm ＋形容詞＋ to ....（…して〜だ。）

例 I'm relieved to hear that.（それを聞いて安心しました。）

▶ Scene 22

There's [There are] 〜. / There's [There are] no 〜.

（〜がある。/ 〜がない。）

例 There's no hot water in the shower.（シャワーのお湯が出ません。）

▶ Scene 23

doesn't [don't] work（動かない、効かない、うまくいかない）

例 The air conditioner doesn't work.（エアコンが効きません。）

▶ Scene 24

That would be 〜.（そうしてくれたら / そうなったら〜です。）

例 That would be great.（そうしていただけると助かります。）

▶ Scene 25

Please don't hesitate to .... / feel free to ....

（遠慮なく…してください。）

例 Please don't hesitate to let us know.（遠慮なくお知らせください。）

▶ Scene 26

I'm afraid you must have the wrong 〜.

（あいにく〜をお間違えのようです。）

例 I'm afraid you must have the wrong room.（部屋をお間違えのようです。）

▶ Scene 27

What is [are] 〜 for?（〜は何のためですか？）

例 What is this charge for?（これは何の請求ですか？）

▶ Scene 28

Would it be possible to ...?

（…することは可能でしょうか？）

例 Would it be possible to leave my baggage here for a few hours?（手荷物を数時間、こちらに預けることは可能でしょうか？）

▶ Scene 29

There are 数字＋名詞 〜.（〜が○つあります。）

例 There are four people in our party.（私たちは4名のグループです。）

▶ Scene 30

Could I ...?（…してもいいですか？）

例 Could I request a table by the window?
（窓際のテーブルをお願いできますか？）

▶ Scene 31

What do you recommend? （お薦めは何ですか？）

例 What do you recommend?（お薦めは何ですか？）

▶ Scene 32

Is [Are] 食べ物 / 飲み物 〜? （その食べ物 / 飲み物は〜ですか？）

例 Is the tomato pasta spicy?（トマトパスタは辛いですか？）

▶ Scene 33

be served with 〜 （〜と一緒に / 付きで出されます）

例 Is it served with any sides?（何か付け合わせはありますか？）

▶ Scene 34

will ... for now （とりあえず今は…します）

例 That will be all for now.（とりあえず以上です。）

▶ Scene 35

how long 〜 will take （〜はどれくらいの時間がかかるのか）

例 Could you tell me how long our order will take?
（注文してからどのくらい時間がかかるか教えていただけますか？）

▶ Scene 36

what ＋主語＋動詞 （〜なもの、こと）

例 This isn't what I ordered.（これは私が注文したものではありません。）

▶ Scene 37

look forward to 〜 / ... ing （〜 / …するのが楽しみです）

例 We look forward to serving you again in the future.
（またのご利用を心よりお待ちしています。）

▶ Scene 38

Do you have it in 〜? （これの〜はありますか？）

例 Do you have it in a smaller size?（これの小さいサイズはありますか？）

▶ Scene 39

Do you do 〜? （〜をしますか？）

例 Do you do alterations?（お直しはできますか？）

▶ Scene 40

I'd like to have 〜 by [期限]. （[期限]までに〜がほしいです。）

例 I'd like to have it by then.（それまでにお願いしたいのですが。）

▶ Scene 41

Would you like to ... / Would you like 〜?

（…したい / 〜がほしいですか？）

例 Would you like to try it on?（試着なさいますか？）

▶ Scene 42

Do you accept ～? （～は使えますか？）

例 Do you accept credit cards?（クレジットカードは使えますか？）

▶ Scene 43

Can I get ～? （～をもらえますか？）

例 Can I get a medium cheeseburger meal with iced tea?
（チーズバーガーＭサイズのセットをアイスティー付きでもらえますか？）

▶ Scene 44

with～ / without～ （～と一緒に / ～なしで）

例 Can I have a tall, iced vanilla latte with less ice?
（アイスのバニララテのトールサイズを、氷少なめでお願いできますか？）

▶ Scene 45

Have a great [good] day! （よい1日を！）

例 Have a great day!（よい1日を！）

▶ Scene 46

Could you tell me how to ...?
（…の仕方を教えていただけますか？）

例 Could you tell me how to get to the nearest subway station?
（最寄りの地下鉄駅までの行き方を教えていただけますか？）

▶ Scene 47

It's（about）a 所要時間＋移動手段.

例 It's about a 10-minute walk from here.
（ここから歩いて10分くらいです。）

▶ Scene 48

Let me show you ～. （～をお見せしましょう。）

例 Let me show you on the map.（地図でお見せしましょう。）

▶ Scene 49

Enjoy your ～! （～を楽しんで！）

例 Enjoy your visit to the mall!
（ショッピングモールを楽しんでくださいね！）

▶ Scene 50

I'm familiar with ～. （～をよく知っています。）

例 I'm not familiar with this area.（この辺はよく知らないんです。）

▶ Scene 51

look for ～ （～を探す）

例 Are you looking for something?（何かお探しですか？）

▶ Scene 52

depend(s) on 〜 （〜次第です）

例 It <u>depends on</u> the destination.（それは目的地によります。）

▶ Scene 53

It's 形容詞 to .... （…するのは〜です。）

例 <u>It's convenient to</u> have an IC card.（IC カードがあると便利ですよ。）

▶ Scene 54

will need to ... （…する必要があります）

例 <u>You'll need to</u> change trains to the Hanzomon Line at Shibuya.
（渋谷で半蔵門線に乗り換える必要があります。）

▶ Scene 55

It seems there's [there has] been 〜.
（〜があったようです。）

例 <u>It seems there's been</u> a human incident on the line.
（路線上で人身事故があったようですね。）

▶ Scene 56

They say (that)〜. （〜だそうです。）

例 <u>They say</u> the JR Line is running.（JR線は走っているそうです。）

▶ Scene 57

Maybe you should .... （…したほうがいいかもしれません。）

例 <u>Maybe you should</u> take a taxi.（タクシーに乗ったほうがいいかもしれません。）

▶ Scene 58

〜 seem(s) to ... （〜は…するようです）

例 It <u>seems to</u> be running late due to heavy traffic.
（交通渋滞で遅れているようです。）

▶ Scene 59

have to ... （…しなくてはいけません）

例 You <u>have to</u> pay as you board.（乗車時に支払わなくてはいけません。）

▶ Scene 60

It looks like 〜. （〜のようです。）

例 <u>It looks like</u> there are four more stops until Kyoto.
（京都まであと4駅のようです。）

▶ Scene 61

if [whether] 主語＋動詞 （…かどうか）

例 Could you tell me <u>if I can get</u> a plastic bag?
（レジ袋はもらえるのか教えていただけますか？）

▶ Scene 62

There'll [There will] be ～. （これから〜があります。）

例 <u>There'll be</u> a discount on the items here starting from 5 p.m.
（午後5時からここの商品は割引になります。）

▶ Scene 63

outside ～ / inside ～ （〜の外に / 〜の中に）

例 The restroom is <u>outside</u> the shop. （トイレは店の外にあります。）

▶ Scene 64

最上級＋名詞 （最も〜な〇〇）

例 Do you know where <u>the nearest restroom</u> is?
（一番近いトイレはどこかご存じですか？）

▶ Scene 65

Do you mind if I ... ? （…したら気にしますか？ / 嫌ですか？）

例 <u>Do you mind if I</u> sit here? （ここに座っても構いませんか？）

▶ Scene 66

This is my first time ... ing [to ...].

（…するのはこれが初めてです。）

例 <u>This is my first time</u> being at one of their games.
（彼らの試合を見に来たのは初めてです。）

▶ Scene 67

Shall I ... ? （…しましょうか？）

例 <u>Shall I</u> take a photo for you? （写真を撮りましょうか？）

▶ Scene 68

I'm afraid ～ is [are] ＋過去分詞. （あいにく〜は…されています。）

例 <u>I'm afraid</u> photos <u>are prohibited</u> inside. （あいにく館内は撮影禁止です。）

▶ Scene 69

You can ... . （…してもいいよ。）

例 <u>You can</u> take any sushi from the conveyor belt.
（寿司はベルトコンベアから取ってもいいよ。）

▶ Scene 70

Shall we ... ? （一緒に…しましょうか？）

例 <u>Shall we</u> go now? （そろそろ行こうか？）

▶ Scene 71

have (never) been to ～ （〜に行ったことがあります）

例 I<u>'ve never been to</u> a potluck before.
（持ち寄りパーティーには一度も参加したことがないんです。）

▶ Scene 72

How about ...ing［名詞］？（〜はどうですか？）

例 How about bringing a side dish or a salad?

（おかずかサラダを持ってくるのはどうですか？）

▶ Scene 73

go well with 〜 （〜とよく合います）

例 The wine will go well with the rest of the food!

（ワインは他の料理によく合いそう！）

▶ Scene 74

It'd be a great help if you could ....

（もし…してくれたらとても助かります。）

例 It'd be a great help if you could arrange the beverages nicely on the counter for me.

（カウンターの上に飲み物をきれいに並べてもらえるとすごく助かります。）

▶ Scene 75

mean(s) 〜 to me （私にとって〜の意味［価値］があります）

例 That means a lot to me.（すごく嬉しいです。）

▶ Scene 76

助動詞＋be＋過去分詞（受け身）

例 The garbage must be separated.（ごみは分けなければなりません。）

▶ Scene 77

be careful of 〜 （〜に気をつけて）

例 Please be careful of aftershocks.（余震に気をつけてくださいね。）

▶ Scene 78

I'll .... （…するよ。）

例 I'll follow you.（あなたについて行きます。）

▶ Scene 79

I'm feeling 〜. （気分が〜です。）

例 I'm not feeling very well.（あまり気分が良くありません。）

▶ Scene 80

〜 hurt(s). （〜が痛みます。）

例 My right leg hurts.（右脚が痛みます。）

確認問題
解答

Chapter 1 （Scene 01〜06）

1 **Q1** occupation **Q2** How many **Q3** depends on
Q4 anything **Q5** Let me **Q6** How long **Q7** purpose

2 **Q1** to see **Q2** I'm an **Q3** going **Q4** May I または Could I
Q5 do **Q6** Could you **Q7** here **Q8** did

Chapter 2 （Scene 07〜12）

1 **Q1** sorry to **Q2** missed **Q3** while **Q4** been **Q5** where
Q6 during **Q7** give

2 **Q1** said **Q2** who **Q3** has been **Q4** As **Q5** put
Q6 this is **Q7** are **Q8** missed

Chapter 3 （Scene 13〜20）

1 **Q1** would you like **Q2** what **Q3** looks **Q4** Keep
Q5 under **Q6** for you **Q7** in total

2 **Q1** I'd like to **Q2** there **Q3** available **Q4** how long
Q5 better **Q6** sounds like **Q7** glad **Q8** included

Chapter 4 （Scene 21〜28）

1 **Q1** brought **Q2** you like **Q3** anything else **Q4** possible
Q5 I hope **Q6** shown **Q7** ordered

2 **Q1** Would **Q2** no place **Q3** doesn't work **Q4** for
Q5 feel free **Q6** would **Q7** I'm sorry **Q8** wrong number

Chapter 5 （Scene 29〜37）

1 **Q1** wait **Q2** kind words **Q3** comes with **Q4** what I
ordered **Q5** for now **Q6** haven't decided **Q7** without

2 **Q1** recommend **Q2** strong **Q3** test will **Q4** There are
Q5 served **Q6** I'll **Q7** looking forward to **Q8** what I meant

Chapter 6 （Scene 38〜44）

1 **Q1** great **Q2** would you like **Q3** cost **Q4** expecting
Q5 try, on **Q6** For here **Q7** How, fit

2 **Q1** accept **Q2** by tomorrow **Q3** in black
Q4 Would you like **Q5** Do you do **Q6** with extra
Q7 Can I **Q8** to try

Chapter 7 (Scene 45~50)

1 **Q1** drop **Q2** google **Q3** 10-minute walk **Q4** Enjoy
Q5 how to get to **Q6** make **Q7** on your right
2 **Q1** Let me **Q2** how to use **Q3** train ride **Q4** weekend
Q5 trip to **Q6** familiar with **Q7** drive **Q8** safe trip

Chapter 8 (Scene 51~60)

1 **Q1** take **Q2** change trains **Q3** any idea **Q4** where to get
Q5 as soon as **Q6** might want to **Q7** how many more stops
2 **Q1** have to **Q2** for you **Q3** depends on **Q4** looking for
Q5 been **Q6** looks like **Q7** Maybe **Q8** they said

Chapter 9 (Scene 61~68)

1 **Q1** the restroom is **Q2** Not at all **Q3** nearest restroom
Q4 if I can get **Q5** I hope **Q6** just in case **Q7** in the photo
2 **Q1** Do you mind if **Q2** be **Q3** inside または in
Q4 Shall I **Q5** Do you know if または whether
Q6 This is my first time **Q7** the best **Q8** I'm afraid

Chapter 10 (Scene 69~76)

1 **Q1** having me **Q2** means a lot **Q3** Anything is OK
Q4 keep that in mind **Q5** I can do **Q6** you to come
Q7 must be separated
2 **Q1** You can **Q2** a great help **Q3** How about
Q4 go well with **Q5** be followed **Q6** mean everything
Q7 Shall we **Q8** never been to

Chapter 11 (Scene77~80)

1 **Q1** hurts, broken **Q2** right behind **Q3** I will
2 **Q1** I'm feeling **Q2** I'll call
Q3 hurt, something cold **Q4** what you say

有子山博美（うじやま　ひろみ）

英語教材プロデューサー、ときどきイラストレーター。神戸市外国語大学英米学科を卒業後、学習ソフト制作会社にて数々の社会人向け英会話ソフトを企画制作。留学経験なしで英検1級、TOEIC990点（満点）を達成するとともに、映画や海外ドラマの生の会話を活用して英語運用力を磨く。現在は英語学習情報サイト「Romy's English Café」を中心に、メルマガ、LINE、Instagram、書籍を通じて英語学習関連の情報を発信している。著書に『英文法がしっかり身につく 1日5分英語日記』（IBCパブリッシング）、『使えるフレーズがどんどん頭に入る！シミュレーション英会話』（デルタプラス）などがある。趣味は海外旅行と食べ歩き。

英会話入門 場面フィット 80

発行日：2024 年 1 月 19 日（初版）

著者：有子山博美
編集：株式会社アルク 出版編集部
校正：Peter Branscombe、Margaret Stalker、廣友詞子
カバーデザイン：井上新八
本文デザイン・DTP：臼井弘志
イラスト：坂木浩子
ナレーション：Howard Colefield、Karen Haedrich、Nadia Jaskiw
録音・編集：一般財団法人 英語教育協議会（ELEC）
印刷・製本：シナノ印刷株式会社
発行者：天野智之
発行所：株式会社アルク
　　　　〒 102-0073　東京都千代田区九段北 4-2-6　市ヶ谷ビル
　　　　Website：https://www.alc.co.jp/

地球人ネットワークを創る

アルクのシンボル
「地球人マーク」です。